Gestão de projetos sociais e religiosos

SÉRIE CONHECIMENTOS EM TEOLOGIA

Josimaber Siqueira Rezende

Gestão de projetos sociais e religiosos

Rua Clara Vendramin, 58 . Mossunguê
CEP 81200-170 . Curitiba . PR . Brasil
Fone: (41) 2106-4170
www.intersaberes.com
editora@intersaberes.com

Conselho editorial
Dr. Alexandre Coutinho Pagliarini
Dr.ª Elena Godoy
M.ª Maria Lúcia Prado Sabatella
Dr. Neri dos Santos

Editora-chefe
Lindsay Azambuja

Gerente editorial
Ariadne Nunes Wenger

Assistente editorial
Daniela Viroli Pereira Pinto

Preparação de originais
Giovani Silveira Duarte

Edição de texto
Caroline Rabelo Gomes
Palavra do Editor
Tiago Krelling Marinaska

Capa e projeto gráfico
Charles L. da Silva (*design*)
KanokpolTokumhnerd e oatawa/
Shutterstock (imagem de capa)

Diagramação
Fabio Vinicius da Silva

Equipe de *design*
Charles L. da Silva

Iconografia
Regina Claudia Cruz Prestes

Dados Internacionais de Catalogação na Publicação (CIP)
(Câmara Brasileira do Livro, SP, Brasil)

Rezende, Josimaber Siqueira
  Gestão de projetos sociais e religiosos / Josimaber Siqueira Rezende. -- Curitiba, PR : Editora Intersaberes, 2023. -- (Série conhecimentos em teologia)

  Bibliografia.
  ISBN 978-85-227-0411-8

  1. Administração de projetos 2. Projetos sociais 3. Religião - Aspectos sociais I. Título. II. Série.

22-140618   CDD-658.404

Índices para catálogo sistemático:
1. Projetos sociais e religiosos : Administração   658.404

Eliete Marques da Silva - Bibliotecária - CRB-8/9380

1ª edição, 2023.
Foi feito o depósito legal.

Informamos que é de inteira responsabilidade do autor a emissão de conceitos.

Nenhuma parte desta publicação poderá ser reproduzida por qualquer meio ou forma sem a prévia autorização da Editora InterSaberes.

A violação dos direitos autorais é crime estabelecido na Lei n. 9.610/1998 e punido pelo art. 184 do Código Penal.

sumário

11 *apresentação*

capítulo um
15 **Responsabilidades social e ética nas instituições sociais e religiosas**
17 1.1 Responsabilidade social
19 1.2 Responsabilidade ética
20 1.3 Responsabilidade utilitária
21 1.4 Responsabilidade com a justiça
23 1.5 Responsabilidade religiosa
25 1.6 Responsabilidade com os poderes
28 1.7 Responsabilidade com a neutralidade
29 1.8 Responsabilidade contextual
32 1.9 Responsabilidade com os pobres

capítulo dois

39 Conceitos fundamentais em gestão de projetos sociais e religiosos
41 2.1 Definição de *projeto*
43 2.2 O que é gestão de projetos? Qual é sua importância?
46 2.3 Quais são as atribuições de um gestor de projetos?
49 2.4 Protagonismo do terceiro setor
51 2.5 Missão, visão e valores
55 2.6 Diagnóstico da realidade e pesquisa social

capítulo três

61 Público-alvo e tipos de projetos
63 3.1 Público-alvo
64 3.2 Necessidades do público-alvo
65 3.3 Identificação de áreas de intervenção
67 3.4 Comunicação com o público-alvo
68 3.5 Captação de recursos
72 3.6 Os patrocinadores e os mantenedores
73 3.7 Tipos de projetos
74 3.8 Projetos como ferramentas de gestão
75 3.9 Projetos como roteiro de ação

capítulo quatro

83 Construindo um projeto
85 4.1 Objetivo do projeto
86 4.2 Planejamento
88 4.3 Estimativa
90 4.4 Alocação dos recursos
92 4.5 Orçamento
94 4.6 Gestão de riscos
96 4.7 Mobilização da equipe

capítulo cinco
- 103 **Gerenciando um projeto**
- 105 5.1 Gestão estratégica
- 106 5.2 Administração, gestão e gerenciamento
- 107 5.3 Como fazer a gestão
- 110 5.4 Ações gerenciais
- 111 5.5 Como controlar
- 113 5.6 Gestão de mudanças
- 114 5.7 Tomada de decisão
- 116 5.8 *Softwares* para gestão de projetos

capítulo seis
- 123 **Avaliando e monitorando os resultados**
- 125 6.1 Conceitos de *avaliação* e de *monitoramento*
- 127 6.2 Avaliação e monitoramento aplicados a projetos sociais e religiosos
- 129 6.3 Tipos de avaliação de projetos
- 131 6.4 Instrumentos de avaliação de projetos
- 133 6.5 Formação de equipes de avaliação
- 136 6.6 Indicadores sociais como parte do processo

capítulo sete
- 143 **Conceitos importantes da gestão de projetos sociais e religiosos**
- 145 7.1 Estado constitucional e liberdade religiosa: teoria geral e aplicações jurisprudenciais
- 149 7.2 Regime jurídico das organizações religiosas e das associações civis: aspectos cíveis, trabalhistas e previdenciários
- 153 7.3 Administração contábil
- 155 7.4 Parcerias entre Estado e terceiro setor

157	7.5 Regularização e prestação de contas de um projeto
160	7.6 Práticas de *compliance* e anticorrupção
162	7.7 Privacidade e retenção de dados: Lei Geral de Proteção de Dados Pessoais
171	*considerações finais*
175	*referências*
187	*bibliografia comentada*
191	*respostas*
195	*sobre o autor*

Dedico este livro à minha esposa, Talita, e aos nossos dois "filhotes": Felipe e Heitor.

Para Talita: pessoas têm procurado sua alma gêmea a vida inteira, e sou grato a Deus por ter encontrado a minha em você. Você é a melhor parte de mim e sempre será.

Para Felipe: você tem sido motivo de alegria desde o seu nascimento, especialmente porque não tínhamos certeza se poderíamos um dia ter um filho. Você é um menino valoroso. Agradeço a Deus por ter me dado a alegria de ser seu pai e peço a Jesus que seus caminhos futuros sejam agradáveis a Ele.

Para Heitor: você é a cereja do bolo de nossa família. É a parte especial que faltava. Amo os beijos e os abraços que você me dá todos os dias. É um privilégio ser seu pai, e espero que todos os sonhos de Deus aconteçam em sua vida. Oro a Jesus para que sua fé seja cada dia mais depositada n'Ele.

apresentação

O planejamento, a construção e o desenvolvimento desta obra se deram em razão de uma necessidade que as organizações sociais e religiosas têm de se inteirarem de suas ações no universo brasileiro, marcado por mudanças cada vez maiores e mais rápidas.

Muito se tem falado sobre a gestão social e religiosa, e cada vez mais têm surgido livros, artigos e obras pormenorizados sobre o tema. No entanto, muitos desses escritos são demasiadamente técnicos, pouco práticos e nem sempre são acessíveis ao leitor leigo que tem interesse em atuar no setor de maneira mais urgente. Nesse sentido, a escassez de materiais práticos, sucintos e relevantes sobre o tema estimulou a escrita deste livro, que tem por objetivo ser um material voltado não apenas para o público acadêmico, mas também para o gestor que atua na linha de frente do terceiro setor.

Ao longo dos capítulos desta obra, nosso intuito é tratar dos seguintes temas: responsabilidade social e ética das instituições; administração contábil; planejamento estratégico; gestão de pessoal; e captação de recursos. Em paralelo a esses tópicos, analisamos os conceitos introdutórios relacionados à gestão de projetos sociais e religiosos; apresentamos os tipos de projetos dessa natureza e os respectivos públicos-alvo; explicamos as etapas de elaboração dessas iniciativas, do planejamento até a ação; demonstramos o que é a gestão estratégica e elencamos modos de gerenciamento de projetos; descrevemos as formas de avaliação e monitoramento de projetos; por fim, evidenciamos alguns conceitos importantes ligados à gestão de projetos sociais e religiosos.

No Capítulo 1, abordamos os temas da responsabilidade social e da ética das instituições sociais e religiosas na atualidade. Para isso, tratamos das responsabilidades para com a justiça, os pobres e os poderes instituídos; do contexto em que um projeto pode ser realizado; e da necessidade de atuação sob o prisma religioso, mantendo-se a neutralidade de pensamento.

Já no Capítulo 2, enfocamos alguns conceitos fundamentais e necessários à gestão de projetos sociais e religiosos. Com base em definições básicas relacionadas ao conceito de projeto, explicamos o que de fato vem a ser a gestão de projetos, bem como as responsabilidades inerentes a um administrador da área. Em seguida, apresentamos uma abordagem a respeito do protagonismo do terceiro setor na história, especialmente na atualidade, e indicamos as definições e as diferenças existentes entre *missão*, *visão* e *valores*, termos que, no campo da administração, já são amplamente conhecidos, mas que nem sempre são suficientemente claros para quem atua na área social e religiosa. Na finalização do capítulo, reservamos um espaço para esclarecer como se realizam o diagnóstico da realidade e a pesquisa social.

Dedicamos o Capítulo 3 à abordagem de duas temáticas: o público-alvo e os principais tipos de projetos existentes. Nele identificamos as necessidades dos públicos-alvo e as áreas passíveis de atuação relacionadas a essas iniciativas, assim como as formas de comunicação com esses grupos. Em seguida, trazemos à tona questões ligadas à captação de recursos e ao relacionamento com patrocinadores e mantenedores, destacando a apresentação de algumas técnicas de captação de fundos. Ainda nessa parte do texto, apresentamos os tipos de projetos e a utilização de um projeto como ferramenta de gestão e como roteiro de ação.

No Capítulo 4, tratamos da construção de um projeto, oferecendo uma visão sobre a definição do objetivo de um projeto e de seu planejamento. Discutimos sobre as estimativas e a alocação de recursos, inclusive sobre questões ligadas ao orçamento. Por fim, refletimos acerca da gestão de riscos e da mobilização de equipes.

No Capítulo 5, nosso foco está no gerenciamento de projetos por meio da gestão estratégica. Nesse contexto, versamos sobre as diferenças existentes entre termos que muitas pessoas veem como similares, a saber: *administração, gestão* e *gerenciamento*. Em seguida, explanamos sobre ações gerenciais de controle, gestão de mudança e tomada de decisão e finalizamos o capítulo citando alguns dos principais *softwares* utilizados para a gestão de projetos.

No Capítulo 6, abordamos a avaliação e o monitoramento de projetos, discorrendo sobre conceitos e definições específicos, assim como a respeito das tipologias e dos instrumentos utilizados para a atividade avaliativa. Por fim, enfocamos a formação de equipes e a utilização de indicadores sociais como parte dos processos de avaliação e monitoramento.

Concluindo a obra, no Capítulo 7, analisamos alguns importantes aspectos ligados à gestão de projetos sociais e religiosos, tais como: Estado constitucional; liberdade religiosa; aplicações jurisprudenciais; regime jurídico; aspectos cíveis, trabalhistas e previdenciários; relação entre Estado e terceiro setor; regularização de projetos; prestação de contas; mecanismos de *compliance* e anticorrupção; e privacidade e retenção de dados. Nesse cenário, ressaltamos que todos os temas do capítulo foram contemplados sob a ótica da Lei Geral de Proteção de Dados Pessoais – LGPD (Brasil, 2018a).

Nossa expectativa é que a leitura apurada e dedicada deste livro forneça um amplo panorama sobre a prática de gestão de projetos sociais e religiosos. Obviamente, não temos a intenção de esgotar o tema – haja vista que ele é demasiadamente extenso e sujeito a constantes alterações –, mas esperamos sanar as principais dúvidas e perguntas que na atualidade têm sido levantadas a respeito da área.

Convidamos você a navegar pelas páginas deste livro tal como um navegador que se mete mar adentro à procura de novas conquistas e novos desafios. Que esta seja uma oportunidade de acumular novos conhecimentos, viver novas experiências e produzir novos questionamentos em face do conteúdo aqui trabalhado.

Uma dica: providencie uma caneta marca-texto e um cantinho especial para dedicar-se a seus estudos.

Tenha uma excelente leitura!

capítulo um

Responsabilidades social e ética nas instituições sociais e religiosas

Responsabilidade social e responsabilidade ética são dois temas bastante discutidos na atualidade e que são pertinentes a toda organização social e religiosa, pois, para que exista avanço humano, é preciso que haja progresso nas responsabilidades humanas. Nesse contexto, no que diz respeito aos tópicos anteriormente citados, é necessário levar em conta a asseveração da dignidade humana, tão necessária para a sociedade contemporânea. Muito se fala sobre a reivindicação dos direitos humanos; nesse panorama, a considerável discussão acerca dessa temática é justificada pela existência de pessoas às quais esses direitos foram negados.

Enfatizamos, com base nos preceitos anteriormente elencados, que a responsabilidade de uma instituição não deve ser exercida à custa dos direitos humanos, pelo contrário: é preciso considerar a dignidade inalienável de cada indivíduo que se relaciona com a organização, bem como cada grupo ou cultura que esteja de alguma maneira relacionado com os processos institucionais. A responsabilização deve ser exercida tendo-se em vista a dignidade de cada responsável, tanto dos mais fortes quanto dos mais fracos (Menuhin, 2001).

1.1 Responsabilidade social

Desde a proclamação da Declaração Universal dos Direitos Humanos pela Organização das Nações Unidas (ONU, 1948), o tema *responsabilidade social* vem sendo cada vez mais debatido. É importante lembrar que a discussão sobre as responsabilidades humanas passa pelo desenvolvimento de uma ética global, pois a prática de um indivíduo, uma organização, um grupo ou uma cultura pode afetar não somente a essas figuras, mas a uma considerável parcela da população do planeta.

Com o advento da globalização, vieram à tona problemas de ordem mundial que demandam soluções que envolvem todas as nações. Nesse sentido, a responsabilidade social requer a consideração de ideias, valores, normas e convenções que sejam respeitados por todas as culturas do globo terrestre. Portanto, o reconhecimento de direitos iguais e inalienáveis deve ser fundado nos conceitos de liberdade, justiça e paz; além disso, os direitos e as responsabilidades humanas devem ser tratados com a mesma importância, a fim de se estabelecer uma base ética, de modo que todos os seres humanos possam viver harmoniosamente e exercer seu potencial. Uma ordem social mais bem estruturada, nos âmbitos nacional e internacional, não pode ser alcançada apenas com leis, preceitos e convenções; ela também precisa de uma ética mundial, pois as aspirações humanas por progresso só podem ser concretizadas mediante valores e padrões comumente acordados, que se apliquem a todos os indivíduos e às instituições em todas as épocas (Kung; Schmidt, 2001).

Há instituições, por exemplo, que se dedicam a enfrentar saqueadores dos recursos naturais existentes no planeta. Esse é um tipo de ação interventora de responsabilidade social, pois leva em conta a necessidade de preservar a existência do patrimônio ambiental mundial para as próximas gerações. Como podemos observar, há um grande número de instituições que realizam brilhantes trabalhos sociais. Há também aquelas organizações que, além de empreenderem tais iniciativas, são mantidas por grupos religiosos ávidos por liberdade de crença. O problema é que esses grupos nem sempre levam em conta a liberdade dos outros. Por essa razão, a responsabilidade social precisa passar pela discussão dos padrões éticos humanos, haja vista que a liberdade sem aceitação de responsabilidade é capaz de destruir a própria liberdade, tão necessária à humanidade, a qual, por sinal, tem a característica nata de ser social. Desse modo, é tarefa das instituições, por meio de seus líderes, gestores e colaboradores, contrabalançar liberdade com responsabilidade, ainda que tal ação não seja algo muito simples de se realizar, pois, para isso, é preciso que se reconciliem ideologias, crenças religiosas e visões políticas e econômicas que muitas vezes são antagônicas.

Nesse panorama, as instituições religiosas e sociais realizam importantes ações que promovem o desenvolvimento de um mundo melhor, o que as torna ferramentas úteis para a prática da responsabilidade social. Essas organizações, que desafiam o mundo a gerar equilíbrio entre liberdade e responsabilidade, não devem deixar de levar em conta que precisam tomar o cuidado de não promover a maximização da liberdade de uns à custa de outros, isto é, elas não podem permitir que determinado número de pessoas venha a ter liberdade em detrimento de outros.

1.2 Responsabilidade ética

De modo geral, o brasileiro dá jeito em tudo com suas famosas "gambiarras". Arame, por exemplo, resolve qualquer coisa – "é melhor enganchar o para-lama do que soldá-lo; é melhor bloquear a torneira que pinga do que trocar o courinho; é melhor amarrar o pé da mesa do que substituir os parafusos", pensam os reis do improviso. Portanto, o "jeitinho brasileiro" é a imposição do conveniente sobre o certo, o pragmatismo tupiniquim: se dá certo, é certo, sendo que, nesse contexto, *dar certo* equivale a *resolver meu problema*, ainda que provisoriamente.

Como é possível perceber, as discussões sobre a responsabilidade ética em instituições sociais e religiosas são sempre um desafio, especialmente porque convivemos, em nossa nação, com a antiga ideia do "improviso", que ainda se mantém impregnada em muitas culturas organizacionais, inclusive do terceiro setor. Assim, um dos grandes esforços que o gestor do terceiro setor tem de empreender em seu trabalho é o de "dar um jeito no jeitinho brasileiro" por meio do exercício de uma "ética brasileira". Essa tarefa nem sempre é fácil, pois há ocasiões em que o administrador se vê pressionado – quando não obrigado – a realizar ações que estão em desacordo com a ética. Problemas relacionados à burocracia, por exemplo, tendem a ser solucionados de maneira mais urgente ou emergencial por meio de um "jeitinho incorreto".

Na dimensão social, quando entram em cena as relações humanas, esse fator chega ao seu ápice – notadamente, nas relações desiguais que envolvem o cidadão, a lei ou as autoridades correspondentes (Kivitz, 2000).

É por conta dessa tradição cultural que a falta de ética pode adentrar os ambientes de instituições que trabalham com projetos sociais e religiosos. Muitos gestores podem incorrer no erro de continuar a praticar nas organizações o mesmo "jeitinho" praticado em outros âmbitos.

A ausência de ética não pode de modo algum ser incorporada pelos gestores organizacionais. Em outras palavras, esses administradores não devem utilizar-se de meios ilícitos para resolver problemas, pois tais atitudes vão contra a já mencionada responsabilidade social. Quando um gestor age de maneira incorreta do ponto de vista ético, ele atua de maneira individualista e corrupta, pensando apenas no curto prazo, no aqui e agora.

Infelizmente, os problemas do gestor institucional não se limitam a questões éticas. De fato, o administrador ainda tem de lidar com obstáculos como a inconsistência das leis do país; a institucionalização do "jeitinho" nas esferas governamentais; a economia informal; as constantes crises econômicas; e a prevalência do pragmático sobre o correto (Rega, 2000). Nesse contexto, qual seria a solução para esse gestor? Ele pode fazer algo positivo e correto sob o prisma da ética? A resposta é "sim"; no entanto, para que essa possibilidade se efetive, uma cidadania exemplar, responsável e capaz de ser exercida precisa ser desenvolvida.

1.3 Responsabilidade utilitária

As instituições sociais e religiosas têm uma utilidade singular nas sociedades contemporâneas: elas não somente ajudam a sociedade a compreender o mundo, como também contribuem para transformá-lo por meio da resolução de problemas. Essas organizações são estruturas inseridas nos mais diferentes contextos sociais e têm como objetivo estruturar o mundo de modo a combater a existência de esferas sociais marginalizadas. Essa atribuição das instituições que realizam projetos sociais e religiosos nos diferentes contextos civilizacionais abre o horizonte para a prática de uma ética mais centrada no bem da comunidade em geral, e não no de um indivíduo em particular, tal como o filósofo Platão sugeriu em seu clássico *A República* (Platão, 2001).

As instituições religiosas colaboram na projeção de um universo diferente, marcado pela transformação das sociedades mundiais e por um novo horizonte de liberdade cristã, que deve ser pautada na fidelidade à consciência individual em prol do bem comum, especialmente no que concerne à defesa inabalável da liberdade em si e do respeito ao próximo. Isso significa que é dever dos órgãos sociais e religiosos zelar pelas liberdades de pensamento, expressão, reunião, crença, debate e formação de assembleias e outros movimentos. Em outras palavras, as organização devem promover uma liberdade que seja reconhecida como um direito humano fundamental: "é necessário o cultivo da esperança, da solidariedade, da responsabilidade ética, do respeito pela diferença e a consciência de que não somos uma massa de indivíduos, mas a parte vulnerável de uma forte humanidade comum" (Gil, 2020, p. 19). Em outros termos, os modelos de projetos nesses ambientes devem ser cultivadores de estratégias capazes de modelar as sociedades, fazendo com que estas elevem seus princípios e se tornem instrumentos de novas dimensões sociais e religiosas.

1.4 Responsabilidade com a justiça

Outro aspecto muito importante das instituições sociais e religiosas é seu ímpeto de defesa da justiça por meio de seus projetos. Como explicamos anteriormente, essas organizações têm a responsabilidade de fazer o que é certo, mesmo que o ambiente cultural em que estiverem inseridas caminhe na direção contrária, e devem dar prioridade à luta pela justiça e pelo bem comum. Nessa dinâmica, existe uma lacuna a ser preenchida: a sociedade, de maneira geral, anseia por justiça, mas não se concentra em sua busca. E é nesse contexto que as instituições sociais e religiosas podem e devem exercer um importante papel. Todos os dias, milhares

> cumprem suas tarefas diárias – deixam as crianças na escola, dirigem até o trabalho, pegam um voo para uma reunião de negócios, fazem compras no shopping center, tentam manter uma dieta –, mas percebem que está faltando alguma coisa. Eles chegam à conclusão de que seu emprego, seus bens, sua diversão, seu pequeno negócio não bastam. Eles querem um objetivo, uma linha narrativa para a sua vida. (Sandel, 2014, p. 311)

Com suas iniciativas, as instituições sociais e religiosas podem suprir essa carência existente entre as pessoas e dar um direcionamento para a sociedade, fornecendo soluções que o primeiro e o segundo setores da economia não conseguem oferecer.

As soluções para determinados problemas sociais exigem uma transformação moral e social. O que não se pode fazer é incorrer no erro de realizar um discurso com a denotação de "sermão moral", pois essa prática pode fazer com que as pessoas minimizem o papel e os valores que a própria cultura desempenha nos problemas sociais já existentes. Ademais, a prática da justiça por meio das instituições sociais e religiosas também passa pelo combate de mazelas que ainda assolam a humanidade, tais como o racismo, a pobreza, o desemprego, a inflação, a falta de assistência médica e de educação pública de qualidade. Aliás, se todos esses fenômenos não existissem, possivelmente viveríamos em um mundo muito melhor do que o atual, em que não haveria a necessidade de se investir em projetos sociais e religiosos. No entanto, como esses fatores são reais, as instituições que atuam nessa área são extremamente necessárias.

Um projeto que vise ao bem comum pode promover mudanças significativas no coração e na consciência das pessoas. Nesse contexto, é importante enfatizar que tais transformações exigem o posicionamento dos gestores, uma vez que a neutralidade desses agentes pode interferir negativamente na promoção da justiça social e do bem comum.

1.5 Responsabilidade religiosa

Como fato cultural e fenômeno social, a religião não pode ser ignorada. Por ir muito além de suas pretensões e suas referências divinas, ela faz parte da construção humana e deve ser levada em conta pelas instituições que desejam realizar projetos de transformação social. Depois de décadas de proclamação da morte de Deus, da decadência das religiões e do progressivo declínio das Igrejas, pelo menos nas sociedades ocidentais desenvolvidas, deparamo-nos hoje com uma surpreendente vitalidade das práticas religiosas no mundo.

Em outras épocas, a universalidade e a persistência das religiões eram consideradas uma prova da existência de Deus. Na atualidade, somos muito mais prudentes e restritivos ao avaliar tais manifestações. A sobrevivência e a generalidade do fenômeno religioso parecem estar ligadas muito mais a algumas necessidades constitutivas do ser humano. Contudo, ainda que possamos duvidar da existência dos deuses e de outras divindades, o fato religioso é inquestionável, com raízes muito profundas na história da humanidade – em todas as sociedades conhecidas, encontramos um sistema de práticas, crenças, rituais e símbolos que podemos denominar de *religiosos*, embora seja difícil estabelecer uma definição única que englobe todas as religiões. Outra questão bem diferente é a da individualidade de cada pessoa, já que, em nossa sociedade, há os que prescindem de Deus porque d'Ele não necessitam, posto que não lhes interessa (Estrada, 2007).

Dessa maneira, a questão que emerge é: Em meio a tantos sistemas religiosos existentes em tantas sociedades, seria possível o gestor de um projeto social levar em conta o fato religioso sem se tornar tendencioso, proselitista ou até mesmo apologético em relação às crenças e aos valores de sua própria instituição? A resposta é positiva, desde que se observem variados aspectos.

Um primeiro elemento a ser considerado pelo gestor de um projeto social é a linguagem que as pessoas atendidas por seus projetos usam para tratar de Deus. Nesse sentido, é preciso que se leve em conta a importância da utilização da inteligência emocional, do correto encadeamento de questões relacionadas à ciência, à filosofia e à religião. Além disso, é necessária uma sensibilidade na formulação de perguntas específicas de cunho religioso e pessoal, especialmente aquelas sobre o sentido da vida, bem como um cuidado com a linguagem religiosa e com críticas dessa natureza que possam ser feitas durante a realização de tarefas do próprio projeto, pois tais situações podem gerar problemas e conflitos.

Outro aspecto diz respeito ao fundamentalismo religioso. É possível que, em nosso tempo, muitas instituições que realizam importantes atividades de transformação social tenham como mantenedoras organizações religiosas que, por vezes, desenham uma imagem violenta de Deus. Nesse caso, o sucesso do projeto pode ser colocado *sub judice*, pois as pessoas podem interpretar que as ações promovidas pelo órgão são relevantes, mas não pacificadoras, haja vista que seu posicionamento religioso fundamentalista pode se tornar um obstáculo ao projeto.

Um terceiro ponto a ser notado é a concepção que os indivíduos têm a respeito de *divindade*. Algumas pessoas creem em um único Deus, ao passo que outras acreditam na existência de vários deuses; há também aquelas que nem acreditam na existência de qualquer divindade. Essas diferentes concepções impõem um grande desafio ao gestor de um projeto social, uma vez que ele precisa considerar o pluralismo religioso, a globalização da religião, os elementos constitutivos das diversas religiões existentes, a violência reativa ao sagrado, a competitividade e a imitação religiosas, a ambiguidade religiosa, a violência e a intolerância.

O quarto e último aspecto se refere à relação existente entre a religião e a política. Nesse cenário, o administrador deve considerar a fusão das ordens política e religiosa na atualidade, bem como sua polarização. Além disso, deve levar em conta que vivemos em uma sociedade religiosa não confessional.

1.6 Responsabilidade com os poderes

Uma instituição social e religiosa não pode ser uma espécie de "ilha" que não se liga a outras porções de terra à sua volta. A relação de uma organização com os poderes instituídos é fundamental, pois ninguém – nem mesmo um órgão muito bem-intencionado – faz qualquer coisa sozinho neste mundo. Há, claro, grupos que são contrários ao relacionamento com instâncias diversas de poder. No entanto, o fato é que essa relação sempre existirá, em menor ou maior grau. A tendência, aliás, é que, quanto maiores e mais relevantes se tornarem os projetos de uma organização, mais profundo será seu relacionamento com os poderes instituídos.

Até mesmo a Igreja, ainda em seu primeiro século de existência, desenvolvia determinadas ações de poder que visavam ao atendimento de pessoas em situações de vulnerabilidade. Diáconos, entre outros agentes, foram investidos para cuidar de determinadas áreas de auxílio a pessoas com necessidades específicas. Em outras palavras, criou-se dentro do próprio ambiente eclesiástico primitivo uma relação de poder (ou, no mínimo, de controle).

Ainda nesse mesmo período, à medida que os cristãos helenistas se dispersaram para além das regiões de Jerusalém, os próprios apóstolos que permaneceram na capital da Judeia passaram a supervisionar os líderes que espalhavam o Evangelho por toda parte, de modo a evitar a disseminação de diferentes visões das palavras de Jesus e viabilizar a divulgação dos ensinamentos do nazareno com o mínimo de interferências. Nesse cenário, é possível afirmar que, ao longo desse tempo, a Igreja teve um grande desenvolvimento graças aos poderes instituídos em suas próprias estruturas. Ocorre que, com a conversão do Imperador Constantino para o cristianismo, a relação dos cristãos com o Estado passou a ser um marco na vida da Igreja, pois foi aí que ela perdeu sua direção e sua autonomia (Rezende, 2017).

Essa dinâmica demonstra que a responsabilidade das instituições que elaboram projetos sociais e religiosos não deve ser a de se abster de seu relacionamento com os poderes instituídos, mas a de não perder a autonomia e o direcionamento de suas ações. A organização não pode ser totalmente dependente dos poderes estatais, sob o risco de perder sua relevância. Nesse contexto, há pelo setor menos três tipos de poder com os quais os grupos do terceiro setor podem se relacionar:

1. estatal;
2. religioso/eclesiástico;
3. comunitário.

Toda estrutura institucional deve ser liderada e administrada. No contexto das organizações que trabalham projetos sociais e religiosos, os líderes e os gestores devem garantir que seus projetos sejam conduzidos com foco na transformação social, e não no lucro. Nesse sentido, existem princípios de envolvimento comunitário que devem ser levados em conta por aqueles que desejam transformar comunidades por meio de seus projetos. Obviamente, essas estratégias variam de local para local, mas há conceitos norteadores de qualquer boa ação, capazes de promover o desenvolvimento e a transformação de uma sociedade (Rezende, 2017). A seguir, elencamos alguns desses princípios (Cunha; Wood, 2003):

- visão equilibrada;
- visão integral do ser humano;
- trabalhos preventivos;
- identificação com a comunidade;
- busca pela excelência;
- ênfase nos relacionamentos;
- trabalho em equipe;
- participação efetiva no desenvolvimento comunitário;
- atitude de paternidade em vez de imposição do paternalismo;
- sinergia com projetos que a comunidade realiza;
- instituição como um centro do processo de desenvolvimento.

O trabalho social isolado de seu entorno não é adequado, pelo contrário, é preciso buscar uma identificação com a comunidade, para que projetos empreendidos nesse cenário possam ter êxito.

1.7 Responsabilidade com a neutralidade

As instituições sociais, especialmente as de cunho religioso, experimentam na atualidade uma tensão que tem como consequência a radicalização de certos pensamentos, em especial no que diz respeito a questões político-ideológicas. Essa crise momentânea tem como origem principal a falta de neutralidade nas ações institucionais.

Nesse complexo cenário, o Brasil está polarizado, dividido, assolado por tensões causadas por diferenças políticas, ideológicas, religiosas, sociais, intelectuais. Essa convulsão social provocou – em razão principalmente das mídias sociais – um terremoto de enormes proporções no campo das opiniões, responsável por abrir abismos profundos entre setores da sociedade brasileira que têm diferentes cosmovisões. Assim, o brasileiro vive hoje imerso em debates, controvérsias, polêmicas e choques; as redes sociais, a mídia tradicional e as principais avenidas do país viraram palco de confrontos acalorados, num ambiente carregado pelos valores invertidos da pós-verdade. No meio dessa densa nuvem de embates ideológico-morais estão os evangélicos.

Cristãos descendentes da Reforma Protestante iniciada em 1517, os evangélicos são, em grande parte, mal compreendidos. Parte de um grupo extremamente heterogêneo e plural, são vistos pelos de fora como uma massa única, intolerante, homofóbica, ignorante, retrógrada, entre outros rótulos depreciativos. Essa percepção é fruto de uma generalização resultante, em grande parte, da falta de conhecimento acerca do que de fato é ser evangélico e da falta de convivência com evangélicos que vivem o que as palavras de Jesus Cristo realmente propõem (Zágari, 2018).

Levando-se em consideração que uma significativa parte das instituições sociais é mantida ou administrada por evangélicos, a neutralidade está *sub judice*, o que acaba causando um constrangimento até mesmo para as organizações que se mantêm neutras, a despeito da polarização que o Brasil vive nos últimos anos. Vale mencionar que não é errado que os indivíduos tenham suas posições políticas ou ideológicas – os próprios gestores sociais têm esse direito. No entanto, projetos não podem ser utilizados para defender ou favorecer uma concepção específica a respeito da política. Nesse exemplo específico, o relacionamento de organizações do terceiro setor com o Estado sempre existirá, mas ele depende de certo distanciamento para que não haja um comprometimento de ambas as partes. Pensemos no exemplo de Jesus Cristo, que recomendou que se deve dar a César o que é de César e a Deus o que é de Deus. Essa percepção é um desafio a ser levado a sério. A neutralidade é necessária pelo simples fato de que os direitos humanos e o Estado democrático de direito precisam ser respeitados. A própria democracia depende dessa relação respeitosa (Lago, 2018). Portanto, a liberdade religiosa e a laicidade só podem ser mantidas no Brasil por meio do diálogo entre as diversas concepções de fé e razão, e não por intermédio da polarização de pensamento e ação.

1.8 Responsabilidade contextual

Outro elemento constitutivo da responsabilidade das instituições sociais e religiosas refere-se ao seu dever de reconhecer e considerar o contexto em que seus projetos são realizados. O pano de fundo de cada ação precisa ser analisado com extrema atenção, especialmente quando se trata de projetos voltados para o contexto brasileiro.

A história brasileira é marcada por diversas manifestações da pobreza, desencadeada por fatores políticos, econômicos, culturais, religiosos e sociais que possibilitaram, ao longo dos séculos, a opressão e exploração das grandes massas populacionais. Essa realidade não foi diferente na América Latina, inicialmente escravizada pelos ibéricos, posteriormente pelos anglo-saxões e mais recentemente pelos Estados Unidos da América. Com efeito, o continente sul-americano foi vítima de ações escravagistas que culminaram no estabelecimento de economias que não permitem a prática da justiça até hoje (Cappelletti, 2019). Além disso, a política latino-americana, sob vários aspectos, funciona com base na manutenção de sociedades injustas: a força do Estado está a serviço de situações injustas e opressoras, e a própria cultura (sua recepção, aceitação e compreensão) é concebida para que que tal arranjo de coisas continue como está (Comblin, 1980). Esse amplo panorama não pode ser ignorado pelas instituições que realizam ações sociais.

No contexto das ações sociais religiosas empreendidas no Brasil, é necessário levar em conta a distribuição eminentemente urbana da população do país. A expansão populacional para as cidades é reflexo do arranjo social do povo brasileiro ao longo dos séculos. Inclinada a reproduzir modelos dos países mais desenvolvidos, a indústria brasileira se tornou copista, deixando de valorizar a criatividade nacional. A modernização da agricultura, por sua vez, não foi capaz de capacitar os camponeses do país, o que fez com que a população camponesa e os minifundiários se deslocassem para os grandes centros urbanos, mantendo a mesma situação de pobreza que viviam no campo e provocando problemas sociais urbanos ainda maiores, tais como a favelização, caracterizada por grandes aglomerações de ocupações irregulares, geralmente nas áreas periféricas das cidades do país, processo que se desenrola até os dias de hoje.

Essas são apenas algumas das dinâmicas que têm de ser avaliadas pelos gestores de projetos sociais e religiosos. Esses administradores precisam considerar o fracasso do modelo de desenvolvimento praticado ao longo dos séculos no Brasil, caracterizado por uma relação de dominação que teve como base a acumulação capitalista, em um processo conhecido como *neocolonialismo* ou *imperialismo*, encabeçado especialmente pelos Estados Unidos da América.

Importante!

Não podemos esquecer que o mito do desenvolvimento gerou uma violência institucionalizada crescente em nosso país, principalmente com a implantação da ditadura militar, que, não há muitos anos, governou a nação com mão de ferro.

Há ainda outro fator a ser considerado pelos gestores institucionais: a análise criteriosa de modelos históricos de desenvolvimento social praticados em outros lugares do mundo. É preciso salientar que o fracasso do modelo de desenvolvimento praticado no Brasil não dá base para uma defesa de modelos estabelecidos em outras nações. O elemento central aqui é a necessidade de o gestor de projetos sociais e religiosos respeitar o contexto histórico em que seus projetos institucionais são implementados. Se um projeto social fosse implantado em Cuba, por exemplo, é bem possível que críticas pudessem ser tecidas ao modelo econômico lá estabelecido, haja vista que a Revolução Cubana, desde o ano de 1959, e a consequente restruturação social da nação baseada no socialismo também se mostraram frágeis em diversos aspectos. Portanto, não estamos aqui defendendo um modelo em detrimento de outro; estamos sendo críticos e acadêmicos, sempre nos respaldando na pesquisa e na ciência, para melhor interpretar o contexto social brasileiro.

1.9 Responsabilidade com os pobres

Em uma época marcada pelo sofrimento e pelo aumento de mortes, lembrar-se dos pobres é um dos principais desafios de quem atua na gestão de projetos. Embora a geração de riquezas e da prosperidade aumente a cada ano em praticamente todo o globo terrestre, o mesmo ocorre com o número de pessoas marginalizadas, vítimas da desigualdade social e da pobreza. Por isso, uma distribuição de renda mais equânime se faz cada vez mais premente; nesse cenário, oferecer esperança aos menos afortunados é um dos maiores desafios das instituições sociais e religiosas. Logo, é tarefa dessas organizações lutar para que os benefícios e o poder não se concentrem nas mãos de poucos.

A implantação de projetos sociais pressupõe o combate às mais diversas realidades de marginalização, pobreza e opressão. O objetivo principal de tais iniciativas é viabilizar um futuro diferente para as pessoas e proporcionar oportunidades de libertação e abertura de um novo caminho a partir do presente. Embora haja quem pense que os gestores de projetos sociais e religiosos prestam um favor aos menos favorecidos, a verdade é que as próprias pessoas que atuam na área social são favorecidas ao trabalhar com os marginalizados, pois a concepção que tais agentes têm a respeito da vida pode mudar em razão do acesso que têm aos diferentes contextos de pobreza.

Ao se lidar com o diferente, com o outro, há sempre o risco de se usar tal ação em benefício próprio. Essa possibilidade é particularmente relevante no contexto da contemporaneidade, cuja abordagem universalizante tenta integrar o que é diferente numa visão de mundo firmemente estabelecida. A teologia encontra, assim, as diversidades radicais entre ricos e pobres, opressores e oprimidos.

Infelizmente, a resolução desse impasse não parece mais fácil em tempos pós-modernos, pois as mentes deste tempo geralmente se distraem com diferenças de sabor e estilo, enquanto a arena teológica se preocupa com as noções de alteridade e diferença, cada vez mais em voga (Rieger, 2009).

Apesar de todas as dificuldades presentes, as instituições sociais atraem para si a responsabilidade de construir respostas às novas questões que desafiam aqueles que andam no "andar de baixo" da sociedade e que vivem realidades opressoras. Nesse sentido, lembrar-se dos pobres é algo que faz parte do cotidiano dessas organizações.

Síntese

A gestão de projetos sociais e religiosos deve se basear nas questões sociais e éticas. No que tange ao aspecto social, é importante que o gestor de tais iniciativas leve em consideração que nosso país sofre com uma desigualdade social crescente e que existem contextos socioeconômicos bastante diversos em cada região brasileira. Pelo fato de o Brasil ser uma nação de território extenso, as ações das instituições são mais complexas, pois cada região apresenta as próprias necessidades e especificidades, fato que só aumenta a responsabilidade do gestor institucional, especialmente no que concerne à utilidade de cada projeto.

Há ainda outros aspectos que não podem ser deixados de lado quando da criação de um projeto social e religioso: a responsabilidade para com a justiça, que leva em conta a realidade da pobreza acentuada que assola o país como um todo; a responsabilidade das organizações do terceiro setor com os poderes instituídos; e a responsabilidade da neutralidade dos órgãos que trabalham com projetos sociais e religiosos em relação a ideologias e demandas políticas.

Indicação cultural

ELABORANDO PROJETOS – SOCIAIS E CULTURAIS. **O que é responsabilidade social?** 24 maio 2017. Disponível em: <https://www.youtube.com/watch?v=PT0dT33D7XQ>. Acesso em: 29 nov. 2022.

Sugerimos que você assista ao vídeo para ter uma visão geral do conceito de responsabilidade social.

FACULDADE FABRA. **Ética e responsabilidade social**. 31 jan. 2020. Disponível em: <https://www.youtube.com/watch?v=dL0v7uFcE1U>. Acesso em: 29 nov. 2022.

Indicamos que você assista ao vídeo para apreciar uma visão contemporânea da ética e da responsabilidade social.

Atividades de autoavaliação

1. Marque a alternativa correta:
   a) A responsabilidade social não leva em conta a justiça social.

b) A gestão de projetos sociais e religiosos precisa considerar questões sociais e éticas.

c) As instituições sociais não devem preocupar-se com projetos que visem a um maior equilíbrio da distribuição de renda.

d) Qualquer modelo histórico de desenvolvimento social praticado em outro país pode ser aplicado no Brasil, pois o contexto social é sempre o mesmo.

e) Aspectos relacionados à justiça social não devem ser contemplados por gestores de projetos sociais e religiosos.

2. Marque a alternativa correta:
   a) A América Latina não apresenta problemas sociais visíveis.
   b) Não é possível realizar ações sociais considerando-se a neutralidade.
   c) Os trabalhos sociais devem estabelecer uma identificação com a comunidade em que são realizados.
   d) A luta pela justiça não é um dos fatores a serem incluídos por projetos sociais e religiosos.
   e) O modelo histórico de desenvolvimento social praticado no Brasil nas últimas décadas eliminou por completo os problemas sociais da nação.

3. Analise as proposições a seguir e, depois, assinale a alternativa correta:
   I) Os modelos de projetos institucionais devem ser capazes de modelar as sociedades.
   II) As instituições sociais e religiosas precisam zelar pela liberdade de pensamento.
   III) As instituições que realizam projetos sociais e religiosos devem priorizar o interesse individual, não o coletivo.
   IV) A atuação das instituições sociais e religiosas não deve priorizar a transformação do mundo.

a) Somente a proposição I está correta.
b) Somente as proposições I e II estão corretas.
c) As proposições I, II e III estão corretas.
d) Somente a proposição IV está correta.
e) Somente a proposição II está correta.

4. Analise as proposições a seguir e, depois, assinale a alternativa correta:
   I) Gestores devem se habituar à ética.
   II) Gestores institucionais são instrumentos de busca de soluções.
   III) Gestores precisam praticar o "jeitinho brasileiro" para superar dificuldades burocráticas.
   IV) Gestores precisam ter em mente que os fins justificam os meios.
   a) Somente a proposição I está correta.
   b) Somente as proposições I e II estão corretas.
   c) As proposições I, II e III estão corretas.
   d) Somente a proposição II está correta.
   e) Todas as proposições estão corretas.

5. Marque a alternativa correta:
   a) A responsabilidade social é um tema de baixa prioridade no momento atual.
   b) A ética institucional pode ser substituída pela ética utilitarista.
   c) Projetos sociais e religiosos não devem valorizar os direitos humanos.
   d) A responsabilidade social deve levar em conta a dignidade humana.
   e) Toda responsabilidade social existente em uma nação deve ser completamente transferida às igrejas.

Atividades de aprendizagem

Questões para reflexão

1. Procure vídeos que tratem da responsabilidade social e ética. Em seguida, reflita e registre por escrito sua opinião sobre qual é o maior desafio ético das instituições sociais e religiosas na atualidade.

2. Considerando a leitura deste primeiro capítulo, reflita e produza uma redação indicando os cinco pontos mais importantes aprendidos até aqui.

Atividade aplicada: prática

1. Grave um vídeo de cinco minutos explicando, de maneira breve, todo o conteúdo do Capítulo 1.

capítulo dois

Conceitos fundamentais em gestão de projetos sociais e religiosos

02

Neste capítulo, trabalhamos alguns conceitos fundamentais de gestão de projetos sociais e religiosos. Primeiramente, apresentamos a definição do termo *projeto*, demonstramos a importância da gestão de projetos e discorremos sobre o papel do gestor de projetos e o protagonismo do terceiro setor na atualidade. Por fim, discutimos temas como missão, visão e valores e estabelecemos uma relação entre realidade e pesquisa social. Em suma, nosso objetivo é analisar conceitos introdutórios relacionados à gestão de projetos sociais e religiosos na contemporaneidade.

A gestão de organizações e projetos do terceiro setor constitui um tema de extrema importância na atualidade, haja vista que abarca aspectos como planejamento, análise do contexto, definição de missão, estudo de interessados (*stakeholders*), gerenciamento de risco e significação dos objetivos e das atividades correlatas (Falcão, 2015).

2.1 Definição de *projeto*

A gestão de projetos é uma importante ferramenta para gerar valor e angariar benefícios para inúmeros tipos de negócios ou organizações. Tamanha é a importância dessa área que o interesse pelo estudo de suas especificidades nos últimos anos só aumenta. Esse fenômeno estimula gestores a aplicar as melhores práticas de gestão ao trabalho de suas organizações e equipes (Kerzner, 2020).

Mas o que é projeto? As inúmeras publicações que tratam desse tema trazem um sem-número de conceituações, portanto não há uma unanimidade entre os autores sobre a definição desse conceito. Contudo, para viabilizar a compreensão dos conteúdos deste capítulo, limitamos o número de acepções referentes ao termo:

- Planejamento futuro; plano para o estabelecimento de uma realidade que ainda não existe, mas que pode ser construída, consolidada, realizada. Refere-se ao desejo intencional de algo que se pretende executar.
- Empreendimento temporário, com tempo determinado de início, meio e fim, que é realizado por meio do envolvimento de várias pessoas, com a intenção de gerar um resultado.
- Empreendimento temporário que visa criar um produto, serviço ou outro resultado único. Como a maioria dos esforços organizacionais, a meta principal do projeto é satisfazer certa necessidade de algum indivíduo ou grupo. Além dessa semelhança fundamental, as características do projeto o diferenciam de outros esforços da empresa (Larson; Gray, 2016).
- Esforço temporário (com começo, meio e fim) empreendido para criar um resultado exclusivo. Projetos existem em todos os níveis organizacionais e devem ser gerenciados de maneira

consistente e eficiente, independentemente de suas dimensões (Camargo, 2018).
- Organização de pessoas dedicadas a atingir propósitos e objetivos específicos. Projetos geralmente envolvem gastos, ações ou empreendimentos únicos de alto risco e devem ser concluídos em uma data determinada, com suporte de um montante específico e com base em uma expectativa de desempenho preestabelecida. Todos os projetos devem contar com objetivos bem-definidos e recursos suficientes para o desenvolvimento de suas atividades (Tuman, 1983).
- Conjunto único de processos que consiste em atividades coordenadas e controladas com datas de início e fim, empreendidas para atingir os objetivos de determinada iniciativa. O alcance das metas do projeto requer provisão de entregas, conforme requisitos específicos (Tuman, 1983).
- Esforço temporário empreendido para criar produto, serviço ou outra espécie de resultado único (Tuman, 1983).
- Esforço único, temporário, multidisciplinar e organizado para realizar entregas acordadas com base em requisitos e restrições predefinidos (Carvalho, 2018).

Há projetos bons e ruins. Os primeiros se destacam por contarem com uma descrição detalhada e inteligível do empreendimento a ser realizado e por serem delineados e esquematizados apropriadamente, fatores que viabilizam sua compreensão e execução adequadas. O desenvolvimento de um bom projeto pode ser o diferencial para que uma empresa, equipe ou organização qualquer seja bem sucedida em um empreendimento. Conceitualmente, podemos afirmar que um bom projeto é capaz de transformar um problema complexo em simplicidade útil.

A definição de *projeto* tem sido aprimorada ao longo dos últimos anos (Carvalho, 2018) e sempre estará em constante evolução. No entanto, não precisamos nos prender a apenas uma delas, pelo contrário, devemos levar em conta a diversidade de entendimentos que os variados autores da temática nos permitem conhecer.

2.2 O que é gestão de projetos? Qual é sua importância?

O conceito de *gestão de projetos* é fundamental para a administração de iniciativas de organizações sociais e religiosas. Nesta seção, trataremos brevemente das principais especificidades e da relevância dessa atividade.

Ao longo das últimas décadas, o significado do termo *gestão de projetos* passou por uma evolução motivada por uma mudança radical nas empresas que procuram dar respostas eficazes e ágeis aos problemas ambientais e a questões referentes à competição e ao posicionamento de mercado. Essas organizações perceberam a necessidade modificar, transformar e ampliar seus conceitos de *gestão* e *gerenciamento*; além disso, essas corporações tiveram de elaborar ações que refletissem sua capacidade de aproveitar oportunidades e agir rapidamente, respeitando limitações de cronograma, custos e outras especificações. Tais demandas impulsionaram a adoção de técnicas e ferramentas de gerenciamento de projetos.

No decurso desse processo, um número crescente de empresas passou a buscar meios de inovar seus negócios. Essas organizações não se encaixavam mais no aparato gerencial da rotina, muitas vezes alicerçado nos princípios tayloristas e fordistas do início do século passado. A transição foi lenta, e várias foram as correntes evolutivas de gestão criadas para que as corporações pudessem lidar com a inovação de maneira mais eficiente e eficaz. A primeira grande transformação dessa dinâmica foi a busca por flexibilidade, ou seja, pela customização em massa. Nesse contexto, desenvolveram-se os conceitos de *produção enxuta* (*lean production*) e *visão sistêmica*, os quais possibilitaram que as organizações deixassem de olhar apenas para si mesmas e passassem a abarcar suas cadeias e suas alianças. Vale mencionar que, para trabalhar com a inovação, é fundamental valorizar o capital intelectual, por meio da construção de competências e da gestão do conhecimento, e administrar os riscos inerentes a esse processo, por meio de um gerenciamento de projetos adequado e da construção de redes e de parcerias inovadoras (Carvalho, 2018).

A gestão de um projeto é extremamente importante, pois é capaz de impactar a agilidade e a qualidade final de um empreendimento. A produtividade das organizações, incluindo as de cunho religioso e social, passa pela atividade de gestão, que, se não for empreendida a contento, pode comprometer as atividades do terceiro setor. Cabe observar que a produtividade de uma corporação depende da agilidade e qualidade de seu trabalho: "adotamos métodos ágeis de trabalho, e o que antes as mães diziam para os filhos 'façam devagar para fazer bem-feito' não é mais possível, pois em todos os segmentos temos que trabalhar na velocidade exigida pelo mundo digital" (Trajano, 2019, p. 7).

Para imprimir velocidade e agilidade aos trabalhos da organização, a gestão de projetos precisa levar em consideração os seguintes itens (Carvalho, 2018):

- temporalidade;
- produtos/serviços únicos;
- ambiente com incertezas;

- integração de esforços;
- atividades repetitivas;
- padronização;
- ambiente estável;
- natureza hierárquica.

A gestão de projetos religiosos e sociais é extremamente complexa, levando-se em conta o fato de que precisa estar inteirada de questões muito diferentes entre si, tais como (Cruz; Estraviz, 2003):

- captação de recursos internos e externos e motivação dos doadores;
- gerenciamento de informações e criação de um banco de dados;
- diferentes papéis na captação de recursos;
- assessoria de desenvolvimento de atividades orçamentárias;
- realização de diagnóstico e de análises da instituição;
- busca por fontes de financiamento;
- estabelecimento dos elementos-chave para a captação;
- desenvolvimento de um plano de ação;
- monitoramento;
- criatividade na aplicação e na multiplicação do conhecimento.

Além de todos os aspectos anteriormente apresentados, a gestão de um projeto deve levar em conta o planejamento, a viabilidade, a estrutura de investimento, o dimensionamento, a visualização do horizonte de planejamento e todos os riscos do projeto de investimento (Consalter, 2012). A consideração desses elementos demonstra que a gestão de projetos se investe de uma abordagem cada vez mais estratégica. As estratégias de uma gestão de projetos ideal envolve, entre outros fatores, os apresentados a seguir (Murdick, 2011):

- ambiente;
- capacidade da organização;
- estratégia organizacional;
- implementação da estratégia;
- avaliação da estratégia.

Com base nesse rápido panorama, podemos seguir para a apresentação das atribuições do profissional responsável pela gestão de projetos.

2.3 Quais são as atribuições de um gestor de projetos?

O gestor de projetos, também conhecido como *gerente de projetos*, é a pessoa responsável por planejar, controlar e coordenar a execução de um projeto, bem como acolher métricas, suprir necessidades, definir e acompanhar ações, delegar tarefas, angariar investimentos, controlar recursos, recrutar profissionais e buscar o êxito da meta final do empreendimento.

Trata-se de uma atividade de extrema responsabilidade e que requer do profissional responsável comprometimento e foco para atender às expectativas da organização. Nesse contexto, o gestor de projeto é

> *o profissional responsável por transformar o desejo da organização em produtos e serviços com resultados concretos e satisfatórios [...]. Ele não precisa necessariamente ocupar um cargo de gerência na instituição, basta que naquele projeto em específico seja o responsável por coordenar as atividades e responder pelos resultados da alta gestão da empresa.* (Santos, 2021, p. 3)

De acordo com Schlesinger e Schlesinger (1999), para garantir que determinado plano tenha um desfecho exitoso, o gestor de projetos deve enfatizar a qualidade total, reduzir níveis hierárquicos e viabilizar processos de tomada de decisão que visem à participação do maior número de envolvidos no projeto. Santos (2021, p. 5) menciona que "um gestor de projeto pode ser considerado competente quando consegue combinar a prática com o conceito estrutural para a realização de uma atividade".

É preciso enfatizar que o gestor de projetos deve atualizar seus conhecimentos constantemente, sejam eles das áreas de tecnologia, processos ou técnicas de liderança e persuasão. Além disso, é importante que esse profissional mantenha um registro de lições aprendidas de projetos passados, de modo a evitar erros cometidos e repetir os casos de sucesso. Quando um indivíduo, por meio de seus conhecimentos e suas experiências, consegue transformar suas vontades, suas aptidões, suas habilidades e seus interesses em resultados reais, pode-se afirmar que ele desempenhou esse processo de forma competente. Assim, percebe-se que a competência é a junção entre conhecimentos – como formações, treinamentos ou experiências – e comportamentos (Santos, 2021). Ademais, evidencia-se que o gestor de projetos é o profissional dotado de habilidades e competências necessárias para garantir o sucesso de determinado empreendimento. Para tanto, espera-se que ele tenha o conhecimento teórico, a habilidade prática e a capacidade de influenciar pessoas de maneira positiva.

O foco do gestor de projetos vem mudando nas últimas décadas. Entre os anos 1990 e 2000, por exemplo, a ênfase do trabalho desse profissional se dava na eficiência. Dos anos 2000 até 2010, a tendência mudou, pois o bom gestor passou a ser aquele que se preocupava tanto com a eficiência quanto com a eficácia. Essa fase teve como característica o enfoque na organização, no modelo de maturidade, na gestão de portfólio e no gerenciamento da agilidade. Dos anos 2010 até o presente, a eficácia continua em pauta, mas com uma ampliação das atribuições do profissional que gerencia projetos: no contexto atual, esse administrador deve ter perspectivas mais estratégicas, que abranjam ações mais complexas, a gestão de todos os *stakeholders* e as demandas da sustentabilidade (Carvalho, 2018).

A tarefa do gestor de projetos na atualidade é complexa e desafiadora. Contudo, podemos resumi-la em três principais frentes (Campanhã, 2013):

1. O gestor de projetos é a pessoa que se preocupa com os sonhos futuros da organização. Ele deve envolver-se totalmente com a visão organizacional e criar planos de ação para as várias áreas de atuação.
2. O profissional que gerencia projetos é o responsável pelos planos de ação da empresa. Ele deve reunir a equipe necessária para criar planos de ação com base nas estratégias previamente definidas, levando sempre em consideração o alinhamento com os objetivos maiores da organização.
3. O responsável pela administração de projetos é quem promove ações que geram transformação. Ele deve definir prazos para que as equipes das diferentes áreas da organização elaborem e apresentem seus planos de ação. Além disso, deve fornecer um roteiro geral para a elaboração de planos de ação, para que cada líder de equipe siga um único padrão estabelecido.

A autora Maria Inês Caserta Scatena (2012) aborda cinco pontos necessários a um bom gestor:

1. a escolha de um método para a gestão;
2. a preocupação com a motivação;
3. a prática da liderança;

4. o cuidado com a comunicação;
5. a determinação ética.

Em suma, podemos afirmar que o papel do gestor de projetos sociais e religiosos é fundamentado em aspectos tanto teóricos quanto práticos e que sua atuação deve se apoiar em conceitos historicamente desenvolvidos por especialistas, mas sem ignorar as evoluções da área, que, com o passar do tempo, exige dos gestores o estabelecimento de novas práticas e a quebra de paradigmas anteriormente estabelecidos.

2.4 Protagonismo do terceiro setor

Apesar de o Brasil ser um país com tradição filantrópica centenária, até o final da década de 1970 o número de instituições que trabalhavam com projetos sociais e religiosos era relativamente pequeno, e os órgãos da área eram pautados por uma cultura assistencialista. Essa realidade passou por uma mudança na década seguinte, quando o crescimento exponencial de organizações não governamentais (ONGs) estimulou empresas investidoras a dar suporte a projetos sociais direcionados à autonomia dos beneficiados, contrariando o pensamento assistencialista e promovendo investimentos sociais capazes de gerar resultados efetivos de transformação social, e não apenas soluções paliativas (Falcão, 2015).

Esse fenômeno passou a ter maior relevância com a promulgação da Constituição de 1988 (Brasil, 1988), que privilegia a discussão sobre a cidadania. Nesse contexto surgiu o terceiro setor – um mercado social formado pelas ONGs e por outros órgãos congêneres. Esse conjunto de organismos passou a ocupar espaços não preenchidos pelo Estado (primeiro setor) – que, de acordo com a mídia, tem se mostrado impotente para atender a demandas da área social – e pelo setor privado – que enfatiza a comercialização de bens e serviços e o atendimento de expectativas do mercado comercial (segundo setor). Na atualidade, o trabalho do terceiro setor é fundamental em regiões socioeconomicamente vulneráveis, gerando o empoderamento de muitas comunidades (Santos; Cunha, 2016).

Parcerias e alianças entre diversos segmentos sociais acontecem por meio da captação de recursos no mercado, que, por sua vez, viabilizam a realização de atividades que não são desenvolvidas pelo Estado. Nesse contexto, as ONGs subvencionadas por capital estrangeiro ou nacional vêm demonstrando, em diversos setores do serviço social, competência para elaborar e implementar projetos que possibilitam ações sociais transformadoras. Além disso, várias parcerias sociais vêm se consolidando na atualidade: ONGs e iniciativa privada operam por meio da inclusão social em várias frentes (Tachizawa, 2019).

Vale mencionar que o protagonismo criado no terceiro setor nas últimas décadas trouxe consigo uma demanda por aprimoramento da administração e da gestão das entidades sem fins lucrativos. Nessa perspectiva, a gerência dessas organizações passou a exigir cuidado na estruturação de estatutos, na projeção de custos e no desenvolvimento de ações mercadológicas (Costa, 1992). Nesse cenário, é importante enfatizar que instituições do terceiro setor têm objetivos diferentes dos de organizações do segundo setor; contudo, essa diferença se limita ao que é feito com os resultados alcançados. Ambos precisam ser gerenciados do modo mais profissional possível para que resultados de qualidade elevada, prazo adequado e custo baixo sejam alcançados. Instituições sem fins lucrativos têm de dar lucro, caso contrário fecham. O que elas não podem é dividir o lucro pela diretoria (Falcão, 2015).

Por fim, é pertinente destacar a importância da sustentabilidade das organizações do terceiro setor, que precisam preparar-se para o futuro. Ainda que uma entidade seja protagonista no presente, isso não significa que sua trajetória será menos desafiadora (Campanhã, 2000).

2.5 Missão, visão e valores

Enquanto alguns projetos voltados para a área social e religiosa são bem sucedidos, outros sucumbem e fracassam. Uma causa de insucesso muito frequente é a falta de um projeto que seja pautado na excelência. Há ocasiões em que os gestores se contentam com bons projetos, quando, na verdade, deveriam dedicar-se a produzir projetos excelentes.

O bom é inimigo do ótimo. Não temos ótimas escolas principalmente porque temos boas escolas. Não temos governos excelentes sobretudo porque temos bons governos. Poucas pessoas levam vidas ótimas porque é muito fácil construir uma vida boa. A esmagadora maioria das empresas jamais se torna excelente porque já é suficientemente boa – e é esse o problema dessas organizações (Collins, 2013).

É justamente por se contentarem com bons projetos que muitas entidades não se preocupam em desenvolver projetos excelentes, capazes de definir uma missão, identificar uma visão e balizar os valores que serão levados em conta durante a execução da empreitada.

2.5.1 Definição de *missão*

A conceituação do termo *missão* é extremamente importante para a execução de um projeto de excelência. A missão de uma organização geralmente está relacionada a algo que a entidade já realiza bem e que atende a demandas, oportunidades e necessidades externas (Drucker, 1996). Trata-se da "declaração geral de intenções. É algo mais filosófico do que mensurável e deve refletir objetivos [...]. A missão pode ser descrita em uma sentença ou duas. A missão caracteriza o âmago [...] a ser desenvolvido" (Campanhã, 2013, p. 122), podendo ser descrita em uma sentença ou duas. Portanto, a correta definição da missão é extremamente importante – se esse conceito for elaborado de maneira superficial, o projeto resultante pode carecer de consistência.

Há, todavia, organizações que confundem missão com visão, o que compromete a execução adequada do projeto. *Slogans* são frequentemente utilizados para materializar a essência de uma missão. Porém, é importante que se tenha sempre em mente que essa definição é, fundamentalmente, uma declaração filosófica.

Outro aspecto importante da missão diz respeito à sua declaração, que nada mais é que a missão escrita, de modo que possa ser constantemente lida e visualizada e devidamente fixada. Essa produção deve incluir o propósito, o objetivo primário e a filosofia básica da organização. Geralmente, a declaração da missão tem a extensão de aproximadamente um parágrafo e tem como função indicar o público que a organização atende ou ajuda, expondo abertamente o que faz e antecipando os benefícios e os resultados que pretende gerar para o mercado que procura prover (Orr, 2001).

2.5.2 Definição de *visão*

Se, por um lado, a missão classifica e ordena a razão da existência de uma organização, por outro, a visão expressa o sonho, a ideia, a imagem, o quadro do futuro que se pretende construir (Orr, 2001). Embora distintos, esses conceitos são intrinsecamente relacionados – a missão é uma declaração mais ampla e filosófica, enquanto a visão é uma afirmação específica e detalhada da direção estratégica da entidade. Barna (1995) elenca as seguintes características para a visão:

- clareza;
- foco no futuro;
- perspectiva realista;
- busca por um sonho possível;
- fundamentação da realidade.

De modo geral, a visão é composta por uma ou duas frases que refletem as metas que a organização deseja cumprir nos próximos cinco ou dez anos (Campanhã, 2013). É importante destacar que esse conceito não é independente dos indivíduos envolvidos no empreendimento, pois ele não reflete somente a missão oficial e as exigências da situação em que a empresa se encontra, mas também as aspirações pessoais e as energias dos profissionais envolvidos, retirando sua força e realidade das pessoas, não de "circunstâncias" ou de "problemas". A visão não é um fato objetivo isolado. É, isso sim, a expressão viva de propósitos e compromissos compartilhados. O poder da visão repousa não somente em seu conteúdo e em sua adequação à situação; ninguém sente algo como "eu sou o único que realmente está comprometido com este projeto" em organizações em que a visão é efetiva. O que se sente é que cada pessoa pensa "eu sou parte de algo maior do que mim mesmo – algo em que eu acredito pessoalmente, em que todos os outros também acreditam realmente". Portanto, a visão é um ímã que atrai pessoas para esforços e valores comuns (Vaill, 1999).

Organizações visionárias têm a tendência de reverter contratempos, dificuldades e até mesmo erros cometidos. Essas entidades têm um extraordinário desempenho a longo prazo, especialmente quando comparadas a empresas ou grupos que não têm uma visão clara e definida. Elas não apenas geram mais recursos financeiros, como também se transformam no material que compõe a sociedade (Collins; Porras, 1995).

Contudo, a visão, por si só, não basta, pois o tempo a enfraquece. Há líderes que acreditam que esclarecer a visão da organização às pessoas faz com que elas se comprometam permanentemente com esse conceito. A verdade é que ele precisa ser constantemente repetido e relembrado (Hybels, 2009).

2.5.3 Definição de *valores*

Toda organização precisa estabelecer seus valores, pois eles são necessários não só para o dia a dia da empresa como também para todo processo de planejamento e tomada de decisão. Quando uma entidade não conta com um sistema de valores estabelecidos, dificilmente ela conseguirá manter a ética e o caráter organizacional (Orr, 2001). Assim, os gestores do empreendimento devem determinar quais valores ele deve manifestar e, em seguida, "ensiná-los, [...] intensificando-os e honrando as pessoas que os estejam vivendo. Com o tempo, valores suficientemente aquecidos definirão completamente a sua cultura" (Hybels, 2009, p. 70).

Quando tratamos de valores, nós o fazemos sob a égide da ética, que nos permite refletir sobre a conduta a ser empreendida em uma organização. No momento do desenvolvimento de um projeto, é necessária a consciência clara dos valores priorizados pela empresa. Em outras palavras, é necessário que a entidade no mínimo transmita a ideia do que é valorizado pelas pessoas que fazem parte daquele grupo e que farão o projeto rodar. É com base nos valores que se estabelecem as normas de conduta para o encaminhamento de todo o projeto.

Os valores de uma organização geralmente estão ligados aos valores das pessoas que a compõem. Nesse contexto, há empresas que defendem bons propósitos e outras que têm maus propósitos, porque os valores dos indivíduos que nela atuam não são elevados, tendo em vista que existem pessoas com bons propósitos e outras com maus propósitos. Por isso, quem deseja uma vida decente precisa de valores e propósitos decentes, que não sejam destrutivos, autofágicos, degradantes. Bons desígnios são aqueles que elevam o indivíduo e a comunidade na qual ele está inserido (Cortella, 2016).

Toda organização tem os próprios valores. Ainda que não estejam escritos em um documento, eles certamente influenciam as situações mais corriqueiras da empresa e levam as pessoas a assumir determinadas posturas (Campanhã, 2013). Por exemplo, ao decidir alocar os recursos em determinada área de um projeto, o gestor expressa um valor, pois opta por investir em um campo em vez de direcionar meios para outro departamento.

2.6 Diagnóstico da realidade e pesquisa social

Ao iniciar um projeto, o gestor precisa realizar um diagnóstico para avaliar o estado em que a entidade se encontra. Imagine a seguinte situação: quando uma pessoa precisa de uma intervenção cirúrgica, ela se encaminha ao médico, que recomenda uma série de exames para levantar a maior quantidade de informações possível para dar apoio às decisões concernentes à cirurgia, certo? A dinâmica de um projeto é exatamente igual: é por meio de um correto diagnóstico e de uma boa pesquisa social que o administrador saberá como será o início do projeto, quais serão os primeiros passos a serem dados e qual será a trilha a ser seguida até o final do empreendimento.

Um diagnóstico adequado é balizado em extensas pesquisas, utilizadas para o levantamento de informações necessárias à visualização de panoramas de tendências futuras e às tomadas de decisão fundamentadas nesses cenários.

Um projeto é composto de sonhos, planos e ações, fatores influenciados diretamente pelo trabalho de pesquisa, que deve incluir um levantamento das opiniões das pessoas envolvidas no empreendimento e das especificidades do público-alvo (Campanhã, 2013). A seguir, apresentamos algumas dicas para a realização de uma boa pesquisa diagnóstica:

- elaboração de questionário para aplicação de pesquisa interna;
- realização de testes de aplicação da pesquisa com pequeno grupo interno antes da realização do estudo direcionado ao público amplo;
- agendamento de data para aplicação da pesquisa;
- divulgação antecipada da data de realização da pesquisa;
- definição do prazo e da forma de tabulação;
- delegação do levantamento dos dados a um profissional da equipe;
- definição de prazo para divulgação dos resultados obtidos.

Vale destacar que a pesquisa diagnóstica pode ser realizada tanto por profissionais da organização quanto por agentes externos. Nesse caso, é fundamental a contratação de uma empresa especializada.

Síntese

Todos os conceitos fundamentais para a gestão de projetos sociais e religiosos elencados neste capítulo são igualmente importantes. Obviamente, entre as várias definições apresentadas, a do termo *projeto* não pode ser esquecida, pois, sem ela, as demais ficam como que órfãs, a gestão de projeto não acontece e o gestor do projeto torna-se apenas uma figura desnecessária.

O estudo sobre projetos sociais e religiosos se mostra extremamente relevante, tendo em vista que o crescimento do terceiro setor exigirá, nos próximos anos, um conhecimento cada vez mais amplo e apurado dos gestores de organizações religiosas e sociais.

Indicação cultural

FUNDAÇÃO ANDRÉ E LUCIA MAGGI. **Projeto Transformar 2017**: as seis fases da gestão de projetos sociais. 13 ago. 2017. Disponível em: <https://www.youtube.com/watch?v=yqKv9evoW_8&t=62s>. Acesso em: 20 out. 2022.

Sugerimos que você assista a esse vídeo para conhecer uma visão diferenciada das fases de gestão de projetos sociais.

MARIO TRENTIM. **A importância da gestão de projetos para o terceiro setor**. 7 abr. 2021. Disponível em: <https://www.youtube.com/watch?v=7mG542gKqng>. Acesso em: 20 out. 2022.

Indicamos esse vídeo para a apreciação de uma abordagem contemporânea da gestão de projetos para o terceiro setor no Brasil.

Atividades de autoavaliação

1. Marque a alternativa correta:
   a) A gestão de projetos é uma ferramenta obsoleta e que está em desuso.
   b) Todo projeto deve embasar-se em uma realidade que já existe.
   c) Um projeto é um empreendimento temporário e com tempo determinado.
   d) O produto final de um projeto não pode ser planejado.
   e) A gestão de projetos é um recurso desenvolvido por Sêneca.

2. Marque a alternativa correta:
   a) Todo projeto é necessariamente bom. Não existe projeto ruim.
   b) A gestão de projetos não pode ser aplicada a projetos sociais e religiosos.
   c) O processo de transformação pelo qual as organizações têm passado exige cada vem mais o investimento na gestão de projetos.
   d) Mesmo que ocorram transições nas organizações, o modo de se gerir um projeto é sempre o mesmo.
   e) Todo projeto tem início e meio, mas não necessariamente um final.

3. Analise as proposições a seguir:
   I) A captação de recursos não é preocupação da gestão de projetos.

II) É recomendável que a gestão de um projeto seja lenta, pois é melhor fazer devagar para que se faça melhor.

III) O gestor de um projeto deve estruturar o orçamento, ainda que sua preocupação central seja a realização de diagnósticos.

IV) A gestão de um projeto deve levar em conta a temporalidade.

Agora, assinale a alternativa correta:

a) Somente e proposição I está correta.
b) Somente as proposições I e II estão corretas.
c) As proposições I, II e III estão corretas.
d) Somente a proposição III está correta.
e) Somente a proposição IV está correta.

4. Analise as proposições a seguir:

I) O gestor de projetos deve coordenar as atividades do projeto.
II) O gestor de projetos deve ter conhecimento teórico e habilidade prática.
III) O gestor de projetos deve se preocupar com os sonhos da organização.
IV) O gestor de projetos deve ter uma conduta ética.

Agora, assinale a alternativa correta:

a) Somente a proposição I está correta.
b) Somente as proposições I e II estão corretas.
c) Somente as proposições I, II e III estão corretas.
d) Todas as proposições estão corretas.
e) Somente a proposição IV está correta.

5. Marque a alternativa correta:

a) A importância do terceiro setor não é percebida na atualidade.
b) O terceiro setor tem perdido a importância porque o Estado tem demonstrado capacidade de resolução de todos os problemas sociais do país.
c) O protagonismo do terceiro setor na contemporaneidade trouxe a necessidade de as entidades sem fins lucrativos se aprimorarem em suas formas de gestão.
d) Missão, visão e valores são conceitos similares e sinônimos.
e) Projetos do terceiro setor prescindem da necessidade de terem missão e visão.

Atividades de aprendizagem

Questões para reflexão

1. Consulte materiais sobre gestão e identifique as definições propostas para os conceitos de *missão* e *visão*. Em seguida, reflita sobre o que leu e indique a diferença entre os dois.

2. Com base na leitura deste capítulo e em seu aprendizado, qual é, na sua opinião, o maior desafio da gestão de projetos sociais e religiosos hoje? Justifique sua resposta.

Atividade aplicada: prática

1. Entreviste dois gestores de projetos sociais e religiosos e peça as opiniões deles a respeito do protagonismo das organizações do terceiro setor.

capítulo três

Público-alvo e tipos de projetos

03

Neste capítulo, tratamos de dois temas importantíssimos: o público-alvo e os tipos de projetos. Discutimos sobre as necessidades das pessoas e explicamos como identificar as possíveis áreas de intervenção. Em seguida, abordamos os diferentes modos de comunicação com as várias categorias de público e evidenciamos questões referentes à captação de recursos para projetos, ao relacionamento com patrocinadores e mantenedores e a técnicas de captação de recursos. Por fim, elencamos alguns exemplos de tipologias de projetos, reiteramos a importância do projeto como ferramenta de gestão e propomos algumas ideias para o estabelecimento de um plano de ação para a execução de um empreendimento.

3.1 Público-alvo

Todo projeto deve ser desenvolvido considerando-se um público-alvo específico, cuja definição deve ser amparada na maior quantidade de informações possível a respeito desse grupo, o que demanda uma ampla pesquisa referente a dados demográficos que auxiliem no planejamento do projeto (Bittencourt, 2009). A seguir, indicamos algumas perguntas que podem ser feitas para a análise do público-alvo:

- Quantas pessoas existem na área de atuação do projeto?
- Existem outras organizações que realizam projetos similares na região? Se sim, quais são elas?
- Quais são as necessidades atendidas por essas organizações?
- Que necessidades não são realizadas pelos projetos já existentes?
- Quantas pessoas já foram alcançadas por projetos similares?
- Qual é a porcentagem de pessoas que o projeto poderá alcançar?
- Quais são as características culturais do público?
- Quais são os principais costumes e hábitos do público?
- Quais são os costumes familiares do grupo?
- Quais são os hábitos de lazer dessa coletividade?
- Quais são os *hobbies* dessa população?
- Qual é o grau de escolaridade desse público?
- Quais são os hábitos de trabalho desse grupo?
- Quais são as características religiosas dessa coletividade?

É importante destacar que os gostos, as preferências e as necessidades do público-alvo podem mudar; essas variações podem representar um futuro de incerteza para o administrador do projeto (Consalter, 2012). Portanto, a criação de um vínculo com determinado público demanda atuação com direcionamento; para isso, é necessário descobrir o máximo possível de dados sobre as pessoas a serem alcançadas. A seguir, apontamos três aspectos que, conforme Warren (1997), devem ser levados em conta na definição de um público-alvo:

- definição do alvo geográfico;
- definição do alvo demográfico;
- definição do alvo cultural.

É preciso deixar claro que, quando se trata da escolha de um público-alvo, é fundamental estabelecer um recorte preciso e rigoroso do público visado. Gestores de projetos e diretores de organizações frequentemente se veem em dificuldade quando precisam decidir se prescindem ou não de certo tipo de público, pois o ser humano tem uma tendência natural de tentar atender a todos. No entanto, a rejeição de determinados públicos em favor de outros é uma ação inteligente e estratégica, que sempre deve estar pautada no conjunto de informações levantadas sobre o público-alvo (Charan, 2009).

3.2 Necessidades do público-alvo

Um dos segredos de um projeto de excelência é a correta identificação das necessidades de seu público-alvo, processo que deve ser fundamentado em uma identificação coerente de áreas sociais que precisam passar por uma intervenção, de modo a suprir adequadamente as demandas da coletividade a ser atendida. Quando se trata de necessidades, vale sempre a pena ter em mente os quatro principais itens da pirâmide de hierarquia de necessidades desenvolvida por Abraham H. Maslow (1970):

1. necessidade de segurança;
2. necessidade de pertencimento e de ser amado;
3. necessidade de estima;
4. necessidade de autorrealização.

Para entender as necessidades de um público, é preciso acompanhá-lo o máximo possível para criar uma relação de lealdade entre pesquisadores e pesquisados, uma das grandes vantagens competitivas de qualquer organização, seja ela do terceiro setor ou não (Godri, 1998).

> Líderes [...] costumam pressupor que os desejos de seu povo são imensamente diferentes de suas necessidades [...]. O que as pessoas desejam? [...] Queremos identificar o que as pessoas necessitam obter [...]. Ficamos intrigados com a visão que prevalece entre alguns líderes [...], segundo a qual os desejos e as necessidades não são necessariamente compatíveis [...]. (Hawkins; Parkinson, 2010, p. 14-15)

Com as demandas do grupo devidamente definidas, é necessário decidir a ordem na qual os respectivos subgrupos serão atendidos. Geralmente, a melhor estratégia é começar por aquele com o qual a organização tem maior proximidade (Warren, 1997, p. 212).

3.3 Identificação de áreas de intervenção

A partir do momento em que são identificadas as áreas mais importantes para o público analisado, é possível realizar intervenções que adéquem os pontos de abrangência do projeto, o que possibilita maior assertividade nas ações. De fato, a adequação de um projeto é muito importante. Projetos rígidos e inflexíveis não são bons, pois não são capazes de abranger todas as informações levantadas e provavelmente não serão capazes de se adaptar às dificuldades que podem surgir durante sua execução.

Mas como é possível identificar corretamente as áreas de adequação? A seguir, elencamos algumas perguntas cujas respostas podem auxiliar na identificação dos pontos passíveis de intervenção:

- Quais são as maiores necessidades do público-alvo que ainda não são atendidas pelo projeto?
- Quais são as soluções programadas pelo projeto que não fazem parte do quadro de necessidades do público ao qual ele atenderá?
- Quais são os principais fatores que podem colocar em risco o projeto?
- Quais são os principais elementos ligados ao cronograma e ao orçamento que precisam de adaptação?

Convém enfatizar que o cronograma de um projeto é um ponto nevrálgico de todo o processo descrito até aqui, pois oferece grandes possibilidades de adequação. É no cronograma que se detalha a duração do projeto apresentado e de cada atividade correlata, todas com datas de início e conclusão.

Outro importante item passível de adequação é o orçamento, visto que muitos dos riscos financeiros de um projeto podem ser mensurados após o início de sua execução. Esse fator está diretamente ligado ao organograma, pois a ausência de recursos orçamentários pode atrasar ou até mesmo paralisar as ações previstas no cronograma. Daí a necessidade de adequação do cronograma durante a realização do projeto (Falcão, 2015).

3.4 Comunicação com o público-alvo

No contexto de um projeto, a comunicação é sempre um desafio, especialmente porque é preciso conciliar tal atividade tanto com o público-alvo quanto com a equipe executora do projeto. É inviável atuar em equipe sem que se estabeleça uma comunicação adequada a todos. Esse fator é essencial, pois com frequência é um mal-entendido, um problema de interpretação ou uma falta de informação que cria conflito:

> *A comunicação pode ser definida como a transferência de informação e a compreensão do seu significado. Se não tiverem sido transmitidos nenhum significado, informação ou ideias, então não ocorreu a comunicação. Um escritor que não é lido ou um orador que não é ouvido não está comunicando! Não basta partilhar significado e informação; é preciso ser compreendido. Se as ideias ou pensamentos tiverem sido transmitidos e são entendidos pelo receptor exatamente do mesmo jeito intencionado ou previsto por aquele que os enviou, então aconteceu a comunicação.* (Orr, 2001, p. 301)

O trabalho com a comunicação exige certo conhecimento de psicologia, pois é necessário levar em conta o modo como as pessoas pensam e aprendem, bem como os meios para prender a atenção delas. Nesse caso, é recomendável que se tente levar as pessoas à ação; para que isso aconteça, deve-se analisar como os indivíduos ouvem e veem, como reagem ao gestor, como agem e como reagem ao ambiente. Por fim, é preciso levar em conta os aspectos emocionais dos envolvidos.

A seguir, sugerimos algumas dicas para o desenvolvimento da melhor comunicação para um projeto (Weinschenk, 2014):

- Transmita as informações em pequenos blocos.
- Explique o contexto do projeto.
- Filtre as informações.
- Utilize modelos mentais.
- Conte histórias e exemplos.
- Escolha no máximo quatro itens principais.
- Apresente as informações em categorias.
- Utilize sua criatividade.
- Defina um tempo adequado.
- Estude o ambiente cultural das pessoas.
- Comunique-se em ciclos de 20 minutos.
- Varie o estilo de apresentação.

O gestor de um projeto tem a responsabilidade de se comunicar bem, caso contrário, pode não ter o êxito esperado, e sua atuação como administrador se tornará ineficiente. É desse profissional o encargo de buscar alternativas variadas para romper as barreiras contra a comunicação ineficaz.

3.5 Captação de recursos

É evidente e indiscutível que todo projeto precisa de recursos, bem como de empreendedores ou organizações que banquem a iniciativa financeiramente. Infelizmente, a captação de recursos e a angariação de patrocinadores e mantenedores nem sempre são processos fáceis, configurando-se um desafio ao gestor.

Captação é o termo utilizado para descrever uma gama de atividades de geração de recursos realizadas por organizações sem fins lucrativos para apoiar sua finalidade principal, independentemente da fonte ou do método utilizado para gerá-los (Campos, 2016).

Uma área que é exemplo de captação de recursos é a da educação em nível superior. Nos Estados Unidos da América, podemos citar as universidades de Harvard e Yale, que há décadas se utilizam de variadas formas de mobilização de recursos. No Brasil, a Universidade de São Paulo (USP) e a Mackenzie têm seguido caminhos semelhantes em relação a esse trabalho (Pereira, 2007).

Todas as organizações que possuem algum dinheiro ou dispõem de voluntários já praticam a captação de recursos de alguma maneira, pois essa atividade é necessária para a sobrevivência de qualquer empreendimento. Independentemente da origem de seus financiamentos – governos, pessoas físicas, empresas, recursos financeiros, materiais ou humanos –, a mobilização de recursos requer dedicação:

> Nem todas as técnicas se adaptam a todas as organizações do vasto terceiro setor. As organizações da sociedade civil diferem muito em suas missões, suas realidades e necessidades, o que pressupõe formas de captação de recursos distintas, com compatibilidade de interesses entre a sua missão e doadores. (Cruz; Estraviz, 2003, p. 15)

A seguir, elencamos algumas dicas que, de acordo com Dove (1998), facilitam a captação de recursos:

- identificação dos doadores em potencial;
- avaliação e dimensionamento da capacidade de contribuição;
- cultivo do relacionamento com os doadores em potencial;
- envolvimento dos doadores potenciais com a causa;
- convite para investimento na causa do projeto;
- agradecimento pela contribuição;
- reconhecimento pela contribuição;
- prestação de contas aos doadores.

Além das dicas anteriormente mencionadas, indicamos algumas motivações de potenciais cooperadores (Pereira, 2007).

- convicção pessoal;
- culpa ou culpabilidade;
- reconhecimento;
- autopreservação e temores;
- isenção de impostos;
- obrigação moral.

Na próxima seção, descrevemos técnicas que podem ser utilizadas na mobilização de recursos.

3.5.1 Técnicas de captação de recursos

Uma das principais técnicas utilizadas para a mobilização de recursos consiste na realização de grandes campanhas financeiras de arrecadação, eventos que demandam idealização, planejamento e operacionalização de níveis elevados (Pereira, 2007). O evento deve ser, se possível, amplo e marcante, com a participação de pessoas ilustres que tragam credibilidade ao projeto. Em alguns casos, a divulgação em periódicos, jornais e outros meios de comunicação em massa pode ampliar a divulgação da campanha. Um exemplo representativo dessa iniciativa é o almoço beneficente. Sobre esse tema, Maximiano (2008) elenca cinco itens indispensáveis para a realização de eventos dessa natureza:

1. os convidados;
2. o local;
3. o almoço;
4. as finanças;
5. as atrações.

Em um contexto mais amplo, Falcão (2015) indica três fatores muito importantes para a captação de recursos:

1. projeto escrito;
2. apresentação para as pessoas certas;
3. identificação do momento adequado para a apresentação.

Na Universidade de Harvard, a principal captadora mundial de fundos para causas educacionais, o processo de identificação do doador potencial e subsequente efetivação da doação implica um verdadeiro trabalho de investigação e de aplicação de estratégias que tragam o doador para a causa, de acordo com seu perfil e seus anseios. Profissionais especialmente contratados para atuar nas diferentes etapas desse processo iniciam a pesquisa procurando sinais evidentes de riqueza, colhendo informações confidenciais e privilegiadas sobre grandes fortunas de ex-alunos da universidade ou de suas famílias. Os recursos doados podem ser financeiros ou humanos. Neste último caso, as pessoas que atuam como voluntárias envolvem-se diretamente com o projeto da instituição ou prestam assistência/consultoria em suas áreas de especialidade, dispondo de seu tempo gratuitamente. Por exemplo, há advogados que dispõem de parte de seu tempo para atender a pessoas carentes e que necessitam de cuidados jurídicos (Pereira, 2007).

No que se refere às possibilidades de fontes de renda, podemos apontar três principais fontes de captação e mobilização de recursos que podem ser praticadas por organizações sem fins lucrativos (Campos, 2016):

- recursos governamentais;
- renda gerada pela venda de serviços ou produtos com a marca da organização;
- doações de pessoas físicas e jurídicas.

Na sequência, apresentamos as especificidades dos indivíduos e grupos que direcionam recursos para as organizações sem fins lucrativos.

3.6 Os patrocinadores e os mantenedores

Todo projeto necessita de patrocinadores e mantenedores, e é preciso saber quem são essas figuras. Um dos fatores a serem analisados diz respeito à motivação do doador para um projeto, pois essa razão pode ser considerada o principal fator que leva uma pessoa a adotar a causa de uma instituição, "contribuindo para ela com doações em dinheiro, bens ou trabalhando como voluntária" (Pereira, 2007, p. 81).

A captação de recursos não se restringe ao levantamento de recursos financeiros ou humanos, pois essa atividade é capaz de promover engajamento da sociedade e conferir maior visibilidade e ampla divulgação a um projeto. Por exemplo, um evento especial de mobilização de recursos pode gerar uma oportunidade para a organização apresentar seu trabalho às pessoas; um programa de mala-direta pode servir para informar anualmente milhares de pessoas a respeito de determinada organização e de seu programa (Campos, 2016).

Infelizmente, há líderes de organizações que não levam em consideração que existem pessoas dispostas não só a acompanhar um projeto como também a contribuir para sua realização. Assim como nos esportes, há aqueles que gostam de assistir aos jogos, ao passo que outros acham que é muito mais emocionante participar dessas atividades (Hybels, 2013). Portanto, os mantenedores e os patrocinadores de projetos são pessoas que não se limitam a dar assistência – elas anseiam pelo privilégio de participar ativamente de iniciativas. Em outras palavras, são indivíduos que têm competências comportamentais de uma liderança servidora (Araújo, 2017) e devem ser incluídos em empreendimentos do terceiro setor para que se sintam úteis nesse contexto.

3.7 Tipos de projetos

Os projetos são classificados de acordo com seus objetivos. Não há como elencar todas as tipologias existentes, pois, a cada dia que passa, a criatividade humana faz surgirem novas categorias. Segundo Consalter (2012), os três principais tipos são:

1. projeto de pesquisa;
2. projeto de financiamento;
3. projeto de investimento.

As dissertações e as teses são bons exemplos de projetos de pesquisa. Via de regra, essas produções se utilizam de uma linguagem técnica e não coloquial, haja vista sua finalidade científica. Geralmente, sua elaboração é voltada à solução de problemas e à proposição de respostas para determinadas questões. Esse trabalho demanda a mobilização de recursos para a concretização de seus resultados, o detalhamento de suas fases, sua justificação e a demonstração de viabilidade dos pontos de vista econômico e social.

O projeto de financiamento é elaborado para atender às exigências de instituições financiadoras, como bancos de investimento ou órgãos de financiamento ou fomento nos níveis federal, regional, estadual e municipal. Nesse contexto, é necessário identificar as fontes dos financiamentos, os recursos próprios e os de terceiros. Se o investimento total for composto por recursos próprios, sua captação deve ser detalhada. Para que o projeto obtenha crédito, isto é, recursos de terceiros, é imprescindível que o projeto satisfaça à exigência de garantias reais preestabelecidas dos recursos próprios. Geralmente, o projeto de financiamento resulta do preenchimento de formulários padronizados distribuídos pelos órgãos competentes. Com a estabilização monetária do Brasil, as possibilidades de financiamento em longo prazo vêm se ampliando. O principal órgão financiador brasileiro nessa modalidade é o Banco Nacional de Desenvolvimento Econômico e Social – BNDES (Consalter, 2012).

Já os projetos de investimento têm como objetivo gerar um fluxo de benefícios para o futuro da organização. Eles podem visar tanto à aplicação de recursos próprios como à de terceiros. Também é necessário definir seus objetivos, bem como especificar sua duração e suas dimensões.

3.8 Projetos como ferramentas de gestão

O gerenciamento das relações traz equilíbrio a todo e qualquer trabalho; na gestão de projetos, não é diferente. Tanto os projetos desenvolvidos presencialmente quanto os empreendidos por meios remotos demandam o uso de ferramentas de gestão eficazes.

O mundo do trabalho desenha novas relações constantemente. O teletrabalho, também conhecido como *home office*, é utilizado com cada vez mais frequência, pois muitas empresas e profissionais vêm notando que, especialmente em grandes cidades, o período de deslocamento entre a casa e o trabalho ocupa uma parte considerável do usufruto do tempo. Nesse cenário, a tendência dos próximos anos é a da descentralização dos locais de trabalho, eventualmente com o uso de espaços como os de *coworking*, nos quais as pessoas podem realizar suas atividades profissionais mais perto de suas casas.

O advento da pandemia de Covid-19 só intensificou o movimento de descentralização do trabalho empreendido por algumas organizações, inclusive em caráter emergencial (Cortella, 2021). Esse fenômeno afetou diretamente a gestão dos projetos e demandou a utilização de ferramentas de gestão cada vez mais inovadoras, pontuais e tecnológicas. Com isso, atividades como autodiagnóstico, avaliação de oportunidades, organização de empreendimentos, criação de modelos de negócios e de estratégias e redação de planos de negócios passaram a ter novo valor para a gestão eficaz de projetos (Luecke, 2007). O autodiagnóstico, por exemplo, permite determinar os elementos propícios para o início de um projeto; a avaliação de oportunidades propicia a verificação das qualidades de cada possibilidade; a organização de empreendimentos define o melhor formato para o projeto; a criação de novos modelos de negócios e de estratégias viabiliza o trabalho em conjunto; a redação do plano de negócios fornece os fundamentos e os propósitos.

3.9 Projetos como roteiro de ação

Todo bom projeto, por si só, é um plano de ação, pois esboça a expectativa do futuro e antecipa tendências do empreendimento em sua trajetória. Ele é como um plano de voo, que permite ao piloto e aos responsáveis pela aeronave entender previamente como deverá ser a viagem. Portanto, não importa o tipo de projeto a ser desenvolvido: ele sempre precisará de um roteiro, um passo a passo orientador.

Você já imaginou construir uma casa sem seguir, passo a passo, a orientação de uma planta? Já pensou em montar um quebra-cabeça de 5 mil peças sem ter noção da imagem final? Já imaginou montar um armário novo sem ter em mãos as instruções que indiquem o lugar certo de cada parafuso? Muitas situações corriqueiras precisam apoiar-se em imagens claras que indiquem, desde o início do processo, aonde se quer chegar; demandam um mapa elaborado, um plano de ação detalhado ou instruções precisas (Barbosa, 2011). Um roteiro de ação eficaz permite o estabelecimento de prioridades, tendo em vista que se sabe exatamente por onde começar, as pessoas a serem reunidas e as portas a serem abertas, facilitando toda a cadeia de produção proposta para a execução do projeto (Araújo, 2012).

Uma boa dica para essa atividade é desenvolver um roteiro de ação que possa ser visualizado em forma de um organograma com todas as etapas e as atividades incluídas na estrutura do projeto, bem como com a divisão dos períodos previstos para a realização de cada atividade (Falcão, 2015). A seguir, apresentamos um exemplo desse arranjo (Bittencourt, 2009):

a) levantamento de informações demográficas;
b) averiguação das necessidades específicas;
c) escolha dos meios de comunicação;
d) previsão das possíveis limitações;
e) definição das soluções ofertadas;
f) declaração clara do projeto;
g) classificação das prioridades;
h) registro das expectativas;
i) descrição dos métodos utilizados;
j) detalhamento de outras áreas.

O roteiro de um plano de ação deve estar de acordo com o propósito do projeto e levar em conta os agentes humanos envolvidos. Os objetivos gerais também devem estar contemplados nesse documento, que exige certa lógica para a sua eficaz execução.

Síntese

Todo projeto deve considerar seu público-alvo. Portanto, é preciso que o gestor de projetos levante o maior número de informações possível sobre esse grupo, incluindo dados demográficos que possam auxiliar no planejamento. Uma vez definida essa coletividade, o próximo passo consiste na definição de ações que possam atender às necessidades do público identificado. Essas iniciativas podem ser planejadas já no início do empreendimento, mas é importante ter em mente que, no decorrer da execução do projeto, mudanças podem ser necessárias para fazer frente a novas demandas que possam surgir no caminho.

Um dos itens mais importantes de um projeto é seu cronograma, que deve estar diretamente ligado ao organograma. Outro ponto nevrálgico de um empreendimento refere-se à maneira como ele é comunicado aos públicos interno e externo. A comunicação deve ser eficaz e levar em conta diversos fatores, entre os quais está o aspecto emocional.

Indicação cultural

ESTUFA DE IDEIAS. **Tutorial projetos**: como fazer o público-alvo? 15 set. 2020. Disponível em: <https://www.youtube.com/watch?v=fFZ10SACUuc>. Acesso em: 20 out. 2022.

Recomendamos que você assista a esse vídeo para saber mais sobre o público-alvo de projetos.

PORTAS ABERTAS. **Tipos de projetos**: como gerenciar? 19 out. 2021. Disponível em: <https://www.youtube.com/watch?v=gR-NrDhXzuA>. Acesso em: 20 out. 2022.

Recomendamos que você assista a esse vídeo para ampliar seus conhecimentos sobre os tipos de projetos desenvolvidos na atualidade.

Atividades de autoavaliação

1. Marque a alternativa correta:
   a) Nem todos os projetos têm um público-alvo.
   b) A captação total de recursos deve ser sempre feita antes do início do projeto.
   c) A definição dos alvos demográfico, geográfico e cultural é um aspecto importante da definição do público-alvo do projeto.
   d) Mesmo que o projeto não tenha um público-alvo, sempre haverá demanda para ele.
   e) O público-alvo deve ser definido após o início do projeto.

2. Marque a alternativa correta:
   a) O cronograma de um projeto deve ser inflexível e jamais modificado no meio do percurso.
   b) A comunicação com o público-alvo de um projeto deve ser feita apenas digitalmente.
   c) Os aspectos emocionais devem ser levados em conta na comunicação de um projeto.
   d) A comunicação de um projeto deve ser realizada apenas pelo gestor de projetos.
   e) A comunicação é desnecessária nos casos de projetos realizados virtualmente.

3. Analise as proposições a seguir sobre a captação de recursos:
   I) Todo projeto precisa de recursos humanos e financeiros.
   II) Os recursos de um projeto social devem vir apenas do Estado.
   III) Os recursos de um projeto religioso não podem vir de voluntários.
   IV) Projetos religiosos e sociais não demandam prestação de contas.

   Agora, assinale a alternativa correta:

   a) Somente a proposição I está correta.
   b) Somente as proposições I e II estão corretas.
   c) Somente as proposições I, II e III estão corretas.
   d) Somente as proposições II e IV estão corretas.
   e) Somente as proposições I e IV estão corretas.

4. Marque a alternativa correta:
   a) Os patrocinadores não devem participar do projeto.
   b) Os mantenedores não podem ser gestores do projeto.

c) Todo projeto precisa de patrocinadores e mantenedores, e é preciso saber quem eles são.
d) Os recursos financeiros são mais importantes que os recursos humanos.
e) É recomendável que o gestor de projetos não conheça os mantenedores e os patrocinadores.

5. Sobre as técnicas de captação de recursos, indique se as afirmativas a seguir são verdadeiras (V) ou falsas (F):
   ( ) A realização de almoços beneficentes é uma maneira de captação de recursos.
   ( ) A captação de recursos governamentais não é indicada para projetos sociais.
   ( ) Um projeto escrito facilita a captação de recursos.
   ( ) A doação de pessoas físicas e jurídicas não é permitida no caso de projetos religiosos e sociais.

   Agora, assinale a alternativa que indica a sequência correta:
   a) V, V, F, F.
   b) V, F, V, F.
   c) V, F, F, V.
   d) F, F, F, F.
   e) V, V, V, V.

Atividades de aprendizagem

Questões para reflexão

1. Quais são os três principais tipos de projetos? Quais são suas características e aplicações?

2. Proponha um exemplo de plano de ação, refletindo sobre o impacto que a iniciativa terá.

Atividade aplicada: prática

1. Apresente uma lista com perguntas que auxiliem na definição do público-alvo de um projeto.

capítulo quatro

Construindo um projeto

04

Nosso objetivo neste capítulo é fornecer subsídios para a construção de um projeto, desde seu planejamento inicial até sua finalização. O conteúdo que aqui disponibilizamos inclui os objetivos; o planejamento; as estimativas; a alocação de recursos e de orçamento; a análise de riscos; e a mobilização de equipes. Por meio da leitura desta parte da obra, você pode compreender as especificidades das etapas iniciais, intermediárias e finais da elaboração de um projeto.

    Identificamos os objetivos geral e específico do projeto e discorremos sobre as etapas do planejamento de seu cronograma. Além disso, mostramos quais são os recursos a serem considerados na elaboração de um projeto e as maneiras de se elaborar o orçamento. Por fim, demonstramos como se fazer uma análise de riscos e destacamos qual é a importância de uma boa equipe e de sua mobilização para o bom andamento de um projeto.

4.1 Objetivo do projeto

Todo projeto deve ter um objetivo claro e específico, características que devem ser garantidas pelo gestor do empreendimento. Esse profissional precisa realizar a descrição do projeto e elaborar uma versão escrita ampliada da iniciativa, descrevendo seu foco. A seguir, indicamos algumas ações que podem auxiliar na criação de um projeto (Bittencourt, 2009):

- escrever uma versão ampliada do projeto;
- esclarecer o que se deseja realizar por meio dele;
- listar seus aspectos mais importantes;
- elaborar uma frase curta – uma espécie de *slogan* – que transmita a ideia principal do empreendimento;
- dar à iniciativa um título.

Quando os objetivos de um projeto são estabelecidos, é possível determinar o modo como seus propósitos serão realizados, bem como o futuro e a direção que o empreendimento tomará. Os objetivos projetuais são diretamente relacionados ao planejamento e ao modo pelo qual se pretende cumprir os propósitos do projeto (Orr, 2001).

A estrutura costumeira de um projeto conta com a divisão dos objetivos em duas partes: objetivo geral e objetivo específico. O primeiro explica em que o projeto vai contribuir; o segundo explica o que o projeto propõe. O objetivo geral deve ser compatível com a missão da instituição e com as metas que devem ser alcançadas por ela, e não pelo projeto. É tudo que contribui de maneira geral, mas que a organização não é responsável por realizar. Por exemplo, no caso de um órgão que tem como objetivo específico a alfabetização de "x" jovens, o objetivo geral pode ser "contribuir para a inclusão social", mas a alfabetização por si só não garante que isso vai ocorrer. Portanto, objetivo específico

> é o que se pretende alcançar ao final do projeto. Essa é a informação que o parceiro deseja e que outros autores chamam de "meta". Como a definição clássica diz que meta é a quantificação do objetivo, então se deve facilitar a compreensão da leitura do projeto, quantificando-se o objetivo específico. A redação poderia ser: alfabetizar "x" jovens entre 14 e 18 anos da comunidade "y" ou na forma que recomende: realizar um curso de alfabetização com capacidade para 100 jovens entre 14 e 18 anos, pois assim me comprometo com o que realmente posso entregar. (Falcão, 2015, p. 49-50)

Como acabamos de demonstrar, alguns autores preferem utilizar o termo *meta* em vez de *objetivo específico*. Independentemente da palavra utilizada, em ambos os casos se deve definir aquilo que se deseja conseguir ou realizar por meio do projeto (Orr, 2001).

4.2 Planejamento

O planejamento é uma das principais atividades relacionadas à realização de um projeto, pois todo empreendimento precisa ser planejado. Planejar é uma capacidade decisiva para se traçar a melhor trajetória para o projeto (Cortella, 2021).

Existem dois tipos principais de planejamento: o estratégico e o operacional. O primeiro consiste na tomada de decisão à luz das expectativas futuras. Ele tem foco no propósito da organização, aponta objetivos e alvos adequados para realizar tais propósitos, engloba a tomada de riscos e constitui-se em uma responsabilidade condizente com níveis de liderança superiores. O planejamento operacional, por sua vez, é de curto prazo. Nele devem ser considerados, além dos fatores anteriormente citados, a determinação do emprego dos recursos (finanças, pessoal, tempo, talentos, tecnologia), em base diária, utilizados para satisfazer às diretrizes estabelecidas no planejamento estratégico. Portanto, os dois tipos são interdependentes (Orr, 2001).

O planejamento é tão importante que a própria sabedoria popular nos lembra que pessoas que não planejam fazem duas vezes, o que significa que o exercício do planejamento é capaz de evitar o que chamamos de *retrabalho*, que é trabalhar mais que uma vez ou repetir um trabalho que não deveria ser repetido se houvesse planejamento e execução eficazes por trás da ação. Essa atividade é decisiva para a sobrevivência de qualquer estrutura humana. Ela nos capacita a evitar desperdícios, a reduzir o desgaste na execução de determinada atividade e a aumentar a chance de êxito naquilo que pretendemos realizar (Cortella, 2021). Um dos grandes benefícios do planejamento é que ele nos permite enxergar à luz de uma realidade futura e agir para criar a visão de futuro. É como estar no topo de uma montanha olhando para o topo de uma outra formação ainda mais alta com a convicção de que é possível chegar lá (Campanhã, 2010). Abraham Lincoln, ex-presidente dos Estados Unidos da América, certa vez declarou: "se pudéssemos saber primeiro onde estamos e para onde vamos, poderíamos melhor decidir o que fazer e como fazê-lo" (Lincoln, citado por Orr, 2001, p. 153). Quem dera todos as pessoas tivessem a mesma percepção.

O escritor e consultor Josué Campanhã, um dos mestres da área de planejamento, aponta alguns itens do que ele denomina "mapa da mina do planejamento" (Campanhã, 2010, p. 197-198) – uma espécie de passo a passo para o sucesso no ato de planejar:

a) definição do coordenador e do assessor do planejamento;
b) levantamento de dados sobre a organização;

c) realização de pesquisas internas e externas;
d) definição da visão;
e) definição de planos de ação;
f) determinação da equipe de implementação e gestão;
g) indicação das prioridades para a execução do planejamento;
h) cronograma de execução;
i) elaboração da estrutura e descrição de funções;
j) elaboração do orçamento;
k) definição dos critérios de avaliação e tomada de decisões;
l) determinação do calendário de atividades;
m) criação da cultura de reinvenção;
n) elaboração da estratégia de execução.

Seguir essas etapas possibilita que o gestor de projetos tenha um outro entendimento da execução de todo o processo de planejamento. Ainda que a utilização desse esquema não garanta o sucesso do projeto, com certeza poderá evitar erros grotescos durante a realização do empreendimento.

4.3 Estimativa

Estimar diz respeito à avaliação e ao cálculo de determinado fenômeno da realidade. No que se refere a projetos, a estimativa se aplica aos variados fatores de risco que envolvem tais iniciativas. O cálculo prévio de possíveis situações futuras é fundamental para a realização de um projeto.

Pensar nos fatores de risco e nos fatores mitigantes obriga o responsável pelo projeto a planejar suas ações, de modo a evitar o maior número de imprevistos possível para o trajeto do empreendimento. Os fatores mitigantes não necessariamente precisam ser aplicados quando o risco acometer o projeto, pois eles podem já ter sido empreendidos para reduzir riscos, tornando a iniciativa um investimento mais seguro para todos os envolvidos (Falcão, 2015). Quando fatores de risco são estimados, é possível antecipar adversidades e surpresas futuras e combatê-las. Ademais, a identificação e a análise das dificuldades auxilia na elaboração de planos de ação capazes de amenizar os riscos, aumentando as possibilidades de sucesso do projeto.

Não existem regras para estipular o horizonte de planejamento. As diferenças referentes a esse critério são resultado das diferentes metodologias utilizadas em cada organização, bem como do tipo e das características do produto ou serviço disponibilizado no projeto. Nesse cenário, devem ser consideradas as condições econômicas, sociais e tecnológicas ligadas à utilização dos recursos, principalmente aquelas condicionantes que determinam o fator de risco do projeto (Consalter, 2012).

Importante!
Seguem algumas dicas para a realização de estimativas eficazes de um projeto:
1. Elaborar uma lista com cada item apresentado no projeto.
2. Realizar um levantamento de todos os recursos necessários.
3. Indicar os profissionais especialistas que vão compor a equipe.
4. Calcular o tempo previsto para o gerenciamento do projeto.
5. Estabelecer uma reserva para possíveis contingências.
6. Calcular o número de horas que se pretende investir.
7. Reavaliar o projeto e efetuar os ajustes necessários.

Ressaltamos que estimar é antecipar tendências, é avaliar o projeto prospectivamente. Essa atividade permite o cálculo antecipado do tempo a ser dedicado ao projeto, dos custos necessários, bem como da duração e dos prazos de cada etapa a ser desenvolvida.

4.4 Alocação dos recursos

A alocação de recursos consiste na descrição de um plano de desenvolvimento para a distribuição de todas as ferramentas necessárias à execução de um projeto. Essa atividade permite que a utilização dos recursos seja otimizada e os gastos desnecessários durante a execução do projeto sejam reduzidos. Nesse cenário, é preciso refletir sobre uma variedade de questões relacionadas aos instrumentos de planejamento e controle e considerar o nível de autonomia da gestão financeira e os aspectos orçamentários gerais (Pires; Rosa; Silva, 2010).

O projeto também deve incluir a alocação dos recursos humanos, atividade na qual as decisões devem ser tomadas pelo gerente de projetos, como no caso da escolha de quem alocar para cada atividade. Para isso, é preciso determinar as competências (conhecimentos, habilidades e experiências) e as formações acadêmicas necessárias para a realização de cada atribuição; buscar na organização os profissionais que têm as qualificações necessárias e que estão disponíveis no momento; e, finalmente, direcionar, da melhor maneira possível, os profissionais para as atividades a serem desempenhadas. Essa tarefa não é simples, uma vez que normalmente há uma série de combinações de alocação possíveis. Além disso, nem todas as alocações possibilitam que o profissional seja direcionado para um grande número de atividades. Assim, é interessante que o gerente seja apoiado nessa complexa atividade, de modo a reduzir o esforço necessário para sua realização (Barreto, 2005). Para exemplificar a alocação dos recursos humanos, apresentamos a seguir, no Quadro 4.1, quatro sugestões de ações para o gerenciamento de pessoas.

Quadro 4.1 – Dicas para o gerenciamento de pessoas

Planejamento de recursos humanos	Implica organizar as funções/cargos de acordo com os perfis necessários.
Contratação de mobilização da equipe	Sugere a contratação e a negociação com as pessoas que comporão a equipe.
Desenvolvimento da equipe	Recomenda o agrupamento, o treinamento, a capacitação e o reconhecimento da equipe.
Gerenciamento da equipe	Propõe a alocação das pessoas, a assinatura dos contratos e a realização de avaliações de desempenho.

Fonte: Dantas Filho; Gomes, 2015, p. 65.

Em linhas gerais, a correta alocação dos recursos reduz os riscos de um projeto e promove sua otimização, viabilizando um melhor desempenho. Essa ação prioriza o investimento e a análise de todo o contexto político em que o projeto está inserido. Além disso, prevê dificuldades do empreendimento e o legitima.

É importante salientar que tanto os recursos humanos quanto os financeiros são de extrema importância para uma entidade. Afinal de contas, uma organização não existe se não obtém os meios necessários para o desenvolvimento e o financiamento das operações concernentes aos seus projetos (Costa, 1992).

4.5 Orçamento

Por definição, orçamento é um resumo ou cronograma financeiro de um projeto. Nele se descrevem as origens dos recursos necessários para a realização das atividades previstas, bem como o momento e o local em que os recursos devem ser empregados (Campos, 2016). O detalhamento do orçamento é importante para que se possa verificar, com maior exatidão, onde e quando serão aplicados os valores captados. Os valores presentes nesse relatório podem variar consideravelmente, haja vista as diferentes dimensões das organizações, a presença de colaboradores voluntários em certas entidades e a de profissionais remunerados em outras (Cruz; Estraviz, 2003).

As despesas a serem especificadas em orçamento são bastante variadas. A seguir, elencamos exemplos de tipos de despesas que podem ser agrupadas com certo nível de homogeneidade (Campos, 2016):

- materiais de consumo;
- custos administrativos;
- despesas com equipe;
- serviços terceirizados;
- diárias e hospedagens;
- veículos, máquinas e equipamentos;
- obras, instalações e manutenção.

Na Tabela 4.1, indicamos alguns itens que podem constar num orçamento.

Tabela 4.1 – Itens orçamentários

Descrição das despesas	Ano anterior	Ano atual	Estimativa para o ano seguinte
Custos administrativos			
Salário – Diretor Administrativo			
Salário – Assistente da Diretoria			
Salário – Coordenador de Eventos			
Salário – Assistente Administrativo			
Salário – Secretário			
Trainee			
Estagiário			
Encargos			
Custos operacionais			
Aluguel			
Equipamentos			
Compras			
Manutenção			
Impressão			
Internet e telefonia			

(continua)

(Tabela 4.1 – conclusão)

Descrição das despesas	Ano anterior	Ano atual	Estimativa para o ano seguinte
Viagens			
Alimentação			
Consultoria			
Contabilidade			
Suprimentos			
Gastos com voluntários			
Eventos de divulgação			
Total			

Fonte: Cruz; Estraviz, 2003, p. 60.

É comum que os itens sejam agrupados no orçamento. Contudo, o ideal é que as despesas sejam mais bem detalhadas para que sejam adequadamente apresentadas às instituições que venham a financiar o projeto, bem como aos mantenedores e aos investidores. Tecnicamente, diz-se que o detalhamento das despesas se constitui em uma "memória de cálculo" (Campos, 2016, p. 71).

4.6 Gestão de riscos

A gestão de riscos de um projeto faz parte de um processo composto pelas seguintes etapas (Lima; Almeida; Maroso, 2020):

a) **Definição do contexto do projeto**: identificam-se os fatores internos e externos que a organização deseja contemplar no projeto.

b) **Identificação dos riscos**: faz-se um levantamento das possíveis ameaças ao empreendimento.
c) **Análise dos riscos**: realiza-se uma estimativa desses elementos.
d) **Avaliação dos riscos**: toma-se ciência das decisões inerentes ao projeto.
e) **Tratamento dos riscos**: aplicam-se as soluções.
f) **Aceitação dos riscos**: reconhece-se, de maneira satisfatória, a realidade, tendo a ciência de que os procedimentos necessários para minimizar os riscos foram tomados.

Para cada um dos riscos existentes, recomenda-se que se busque a solução para a eliminação ou minimização dos efeitos desses eventos. A seguir, apresentamos um questionário que pode auxiliar na criação de uma proposta para solucionar ou amenizar os riscos (Orr, 2001):

- Qual é o risco que se pretende solucionar ou minimizar?
- Onde ele ocorre?
- Quando ele ocorre?
- Como ele ocorre?
- Por que ele ocorre?
- Quão sério ele é?
- Quem pode responsabilizar-se por ele?
- Quais recursos podem ser afetados por ele?

Em termos conceituais, *risco* pode ser definido como o efeito da incerteza relacionada aos objetivos pretendidos. Esse conceito pode ser negativo quando se apresenta na forma de uma ameaça, mas também pode ser visto como um fator positivo quando representa uma oportunidade (Lima; Almeida; Maroso, 2020).

Uma metodologia de gestão de riscos prática é a Dafos, mais conhecida como análise Swot ou Fofa. Nela é possível estabelecer um diagnóstico claro e sucinto sobre elementos dos ambientes interno e externo capazes de impor riscos ao sucesso do projeto (Cruz; Estraviz, 2003).

4.7 Mobilização da equipe

Todo projeto demanda a formação de uma equipe, tanto para desenvolvê-lo quanto para executá-lo. Quando o gestor de um projeto se propõe a selecionar um grupo dessa natureza, ele deve ter como critério a escolha de pessoas que sejam melhores do que ele nas diversas áreas correlatas.

Em muitos estudos sobre gerenciamento, a montagem da equipe é tratada como função principal e como atividade de organização. Essa atribuição relaciona-se a todas as "funções da liderança gerencial que estão sendo ventiladas. No entanto, pode ser resumida como o processo de recrutar, selecionar, treinar, avaliar e desenvolver [...]. É uma função crucial, pois ela determina o êxito ou fracasso de todo empreendimento ou organização" (Orr, 2001, p. 277).

Na gestão de projetos sociais e religiosos, é muito comum que parte considerável da equipe – se não toda ela – seja formada por voluntários, profissionais não remunerados por suas ações na organização. A seleção e a mobilização desses indivíduos são de extrema importância para o êxito de um projeto. Dessa maneira, assim como em qualquer atividade que envolve voluntariado, é necessária a presença de um coordenador que desenvolva um plano, recrute pessoas, preste contas regularmente e avalie os resultados. O essencial é ter um número suficiente de prestadores de serviço, para que ninguém fique sobrecarregado (Campos, 2016). A seguir, elencamos alguns dos atributos de uma boa equipe (Orr, 2001):

- interdependência;
- espírito de contribuição;
- confiança mútua;
- capacidade de comunicação;
- aptidão para o desenvolvimento;
- interação e criatividade;
- competência para a tomada de decisões;
- disposição para ser avaliada;
- envergadura para entender seu papel;
- coesão colaborativa.

Uma possibilidade bastante explorada na atualidade por mobilizadores de equipes é a utilização de metodologias participativas, desenvolvidas por meio de um processo de construção coletiva. Esse modelo tem a grande vantagem de estimular o desenvolvimento ativo dos diferentes integrantes de uma equipe em seus variados níveis decisórios. Além disso, esse recurso permite a construção de uma metodologia mobilizadora de participação que se ajusta a cada realidade, tornando-se prática, ágil e eficiente e fazendo com que as diferentes orientações sejam emanadas de seus verdadeiros autores (Campos, 2016).

O potencial de uma equipe

A respeito do potencial de uma equipe, o autor Allan R. Cohen (1999, p. 45-46) faz um importante comentário: "embora frequentemente se menospreze o potencial dos grupos [...], na verdade uma equipe bem integrada é insuperável em sua capacidade de (a) produzir soluções de qualidade, (b) garantir sua implementação e (c) ser fonte de aprendizado para seus membros".

Quanto à motivação de uma equipe, é preciso registrar que o ser humano sempre se esforçou para identificar o que satisfaz seus pares e o que os motiva a ter determinado comportamento. É sabido que todo comportamento humano é iniciado por algo que o motiva; assim, esse fator deve ser levado em conta na mobilização de um grupo (Scatena, 2012). A grande questão a ser respondida é como ocorre a motivação.

A esse respeito, Gil (2006) afirma que o comportamento humano é motivado pelo desejo de atingir um objetivo. No entanto, esse objetivo nem sempre é conhecido pelo indivíduo, pois boa parte da motivação humana localiza-se no subconsciente, conforme a analogia do *iceberg* apresentada por Sigmunt Freud. Para o estudioso austríaco, temos facilidade de tomar consciência das coisas visíveis e dificuldade para observar aspectos que não conseguimos enxergar. Quando olhamos para um *iceberg*, por exemplo, visualizamos apenas sua ponta superior, mas nem sempre levamos em conta que a maior parte de sua massa está submersa.

A unidade básica do comportamento é a atividade. O ser humano está sempre desenvolvendo uma ou mais atividades: falar, andar, comer, trabalhar etc. A qualquer momento, pode, porém, decidir mudar de ação. Daí advêm as perguntas: Por que as pessoas mudam de atividade? É possível compreender, prever ou controlar as atividades das pessoas?

No que concerne à gestão de projetos, se o grande fator motivacional está ligado às atividades, o foco do gestor precisa incidir sobre a investigação de atividades que, de fato, motivam as pessoas de sua equipe. Obviamente, não é fácil descobrir as motivações de alguém, pois isso demanda investimento de tempo e convívio. É nesse sentido que o escritor e professor Idalberto Chiavenato (2004, p. 14), um dos mais respeitados autores da área, aponta que a gestão de pessoas na atualidade pressupõe novos desafios, a saber: agregar, recompensar, desenvolver, monitorar e manter pessoas.

Se o gestor de projetos aplicar esses conceitos ciclicamente, o processo de mobilização de pessoas terá êxito, garantindo o presente e o futuro da organização.

Síntese

Neste capítulo, abordamos a construção de um projeto e seus principais elementos, como a determinação do objetivo, o planejamento, a estimativa, a alocação dos recursos, o orçamento, a gestão dos riscos e a mobilização da equipe. Demonstramos que um dos principais fatores de determinação dos objetivos de um projeto consiste na realização de perguntas referentes aos aspectos mais importantes do empreendimento.

Por fim, tratamos da gestão de riscos – ponto muito importante do projeto, já que a realização de qualquer iniciativa é, por si só, muito arriscada. Não há como desenvolver um projeto com índice zero de riscos, mas é possível minimizá-los e até eliminá-los com uma boa gestão.

Indicação cultural

ELABORANDO PROJETOS – SOCIAIS E CULTURAIS. **Modelo de projeto pronto?** 25 set. 2017. Disponível em: <https://www.youtube.com/watch?v=uEhx_IqMzZ4>. Acesso em: 23 out. 2022.

Recomendamos esse vídeo, que traz algumas dicas sobre a elaboração de projetos sociais e culturais.

MARIO TRENTIM – GESTÃO DE PROJETOS. **Identificando e planejando os riscos de um projeto**. 30 mar. 2020. Disponível em: <https://www.youtube.com/watch?v=CTMksIdo1so>. Acesso em: 23 out. 2022.

Indicamos esse vídeo, que apresenta uma visão diferenciada sobre a gestão de riscos de um projeto.

Atividades de autoavaliação

1. Marque a alternativa correta:
    a) O objetivo de um projeto deve ser claro e específico.
    b) Há dois tipos de riscos inerentes a um projeto: o risco passado e o risco futuro.
    c) O planejamento operacional diz respeito às ações de longo prazo.
    d) A melhor maneira de realizar uma estimativa é basear-se nas tendências do passado.
    e) Quanto menos informações sobre um projeto são reunidas, maiores são as chances de antecipar as estimativas a seu respeito.

2. Marque a alternativa correta:
    a) Quanto ao orçamento de um projeto, é melhor que ele seja feito com o menor detalhamento possível.
    b) Orçamento é um resumo ou cronograma financeiro do projeto.
    c) Materiais de consumo não são alocados no orçamento.
    d) Salários são considerados custos operacionais.
    e) O orçamento não pode ser modificado no decorrer do projeto.

3. Analise as proposições a seguir, que dizem respeito ao orçamento de um projeto:
   I) Despesas com *trainees* e estagiários são consideradas custos operacionais.
   II) Despesas com salários são consideradas custos administrativos.
   III) Despesas com aluguel são consideradas custos administrativos.
   IV) Salários dos gerentes administrativos são considerados custos operacionais.

   Agora, assinale a alternativa correta:

   a) Somente a proposição I está correta.
   b) Somente a proposição II está correta.
   c) Somente as proposições I, II e III estão corretas.
   d) Somente a proposição IV está correta.
   e) Somente a proposição III está correta.

4. Analise as proposições a seguir, que se referem à gestão de riscos de um projeto:
   I) Na gestão de riscos de um projeto, é preciso que se defina o contexto da iniciativa.
   II) Na gestão de riscos de um projeto, é preciso que se identifiquem os riscos do empreendimento.
   III) É possível que o índice de risco chegue a zero.
   IV) Há uma única solução para todo os tipos de risco.

   Agora, assinale a alternativa correta:

   a) Somente as proposições I e II estão corretas.
   b) Somente a proposição II está correta.
   c) Somente as proposições I, II e III estão corretas.

d) Somente a proposição IV está correta.
e) Somente a proposição II está correta.

5. Analise as frases a seguir e assinale a alternativa **incorreta**:
   a) Na gestão de projetos sociais e religiosos, é muito comum que pessoas voluntárias formem a equipe.
   b) A interdependência individual é um ponto positivo em uma equipe.
   c) A disposição para ser avaliado é um ponto positivo dos integrantes de uma equipe.
   d) A coesão colaborativa é um fator ultrapassado na gestão de equipes.
   e) Pessoas voluntárias geralmente têm menor grau de comprometimento.

Atividades de aprendizagem

Questões para reflexão

1. Indique atributos de uma boa equipe de projetos e reproduza aqueles que julgar mais importantes, refletindo sobre o significado desses conceitos.

2. Tomando como ponto de partida o objetivo de um projeto, reflita e indique ações que possam facilitar seu alcance.

Atividade aplicada: prática

1. Elabore um texto em que você explique o planejamento estratégico e o planejamento tático.

capítulo cinco

Gerenciando um projeto

05

Nosso objetivo central neste capítulo é possibilitar a compreensão do conceito de *gestão estratégica* e descrever as principais formas de gerenciamento de projetos. Para dar suporte a esse estudo, tratamos do gerenciamento de projetos com base na ótica da gestão estratégica e apresentamos importantes temas correlatos, tais como definição de *gerenciamento*, tomada de decisão gerencial, controle, gestão de mudanças e *softwares* disponíveis para a gestão de projetos. Em seguida, discutimos a natureza da atividade de gerenciar e seus procedimentos, bem como o momento correto para a tomada de decisões assertivas. Apontamos também quais são os recursos que viabilizam a prática da gestão em casos de alterações e mudanças necessárias em um projeto e explicamos como a tomada de decisão pode ser corretamente estabelecida. Por fim, enfatizamos a importância dos meios de obtenção do maior grau de engajamento possível dos envolvidos no empreendimento e elencamos os principais *softwares* de gestão de projetos disponíveis na atualidade.

5.1 Gestão estratégica

Definimos *gestão estratégica de projetos* como um conjunto de práticas que visam ao crescimento e ao fortalecimento do projeto e da organização. Essa atividade está vinculada a um repertório de técnicas de gestão e avaliação utilizadas nos processos de tomada de decisão. Alguns autores especialistas da área preferem utilizar o termo *gestão estratégica*, ao passo que outros optam por *administração estratégica*. O que importa para o contexto desta obra é que tal trabalho consiste em um processo contínuo e cíclico que visa manter a organização como uma entidade adequadamente integrada ao seu ambiente (Certo; Peter, 1993).

A fundamentação da gestão estratégica reside na identificação de estratégias que sejam apropriadas a cada situação enfrentada pela organização, bem como na avaliação de alternativas existentes para o cumprimento dos objetivos da entidade. Essa atividade pressupõe o domínio de certas ferramentas gerenciais e a aplicação desse conhecimento na solução de determinados problemas (Rocha, 2012).

A gestão estratégica depende de três definições, segundo Campanhã (2013):

1. os sonhos para o futuro;
2. os planos para a ação;
3. as ações para a transformação.

Quando falamos em sonhos para o futuro, estamos nos referindo às decisões estratégicas que precisam ser tomadas no âmbito empresarial e à reflexão sobre a missão e os valores da organização. Já quando fazemos referência aos planos, estamos considerando o alinhamento de todas as definições estratégicas, pois elas servem de bússola para o encaminhamento dos planos. No tocante às ações, a recomendação é que a missão, a visão e os valores sejam escritos pelo gestor de projetos e por seus assessores, que poderão realizar reuniões de definição com outros componentes da equipe.

Ações estratégicas bem-sucedidas precisam andar de mãos dadas com o planejamento. No entanto, o ato de planejar não garante que uma ação seja efetiva – toda ação ocorre para além do planejamento, por mais que sem ele o percentual de êxito da iniciativa seja reduzido (Cortella, 2021). É preciso, pois, planejar e, de fato, agir.

5.2 Administração, gestão e gerenciamento

A compreensão dos termos *gestão*, *gerenciamento* e *administração* muitas vezes é equivocada. Embora esses vocábulos sejam correlacionados, há diferenças entre eles.

A palavra *administração*, que vem do latim *administrare*, trata dos aspectos gerais de uma empresa ou organização. O termo se refere ao objetivo de criar soluções para problemas e cuidar dos recursos financeiros, patrimoniais e humanos de empreendimentos. Além disso, alude ao zelo por questões ligadas ao *marketing*, à produção, à concorrência e ao mercado.

O gerenciamento, por sua vez, é uma das áreas de estudo da administração e diz respeito a setores ou departamentos administrativos de uma empresa ou organização. Nesse contexto, o papel de um gerente é bastante limitado e específico, pois sua responsabilidade está condicionada exclusivamente à sua área de gerenciamento.

Finalmente, o termo *gestão*, que nomeia uma área muito estudada nas últimas décadas, refere-se à especialização da administração e do gerenciamento. Nesse cenário, espera-se que o gestor atue de maneira mais criativa e habilidosa do que o administrador e o gerente. A gestão nas relações de trabalho na atualidade é importante para a busca do equilíbrio e da harmonia entre os colaboradores. Uma liderança gestora está em constante movimento, sempre na tentativa de manter elos geracionais, de auferir riqueza e de mobilizar pessoas (Cortella, 2021).

Em linhas gerais, o administrador enfatiza a autoridade e o poder formal; o gerente entende que a autoridade acompanha o cargo; e o gestor usa o máximo da autoridade informal. No que concerne à lealdade, o administrador a exige, o gerente a adquire e o gestor a concede de bom grado aos colaboradores (Orr, 2001).

5.3 Como fazer a gestão

A gestão das relações precisa buscar o equilíbrio nos vínculos de trabalho, especialmente na atualidade, cujos desafios demandam que os profissionais recorram à utilização de ambientes virtuais, extremamente necessários em razão do advento da pandemia de Covid-19.

> *Não há como ter tanta nitidez sobre o que acontecerá após este período. Ainda assim, precisamos repensar as relações profissionais. Não apenas o mundo do trabalho vai mudar, mas nada será como antes dessa pandemia. Nem tudo, porém, será inédito. Muita coisa persistirá, algumas*

tolices continuarão, muitos acertos serão feitos. A humanidade vive um abalo muito grande, precisaremos refletir de modo mais denso sobre os nossos modos de conduzir as coisas. (Cortella, 2021, p. 11-12)

A seguir, elencamos algumas orientações que podem ser úteis para o êxito de projetos empreendidos pelos gestores deste novo tempo (Orr, 2001):

- concentrar-se nas estratégias de curto prazo, sem esquecer as de longo prazo;
- delegar amplamente e estabelecer um nível de controle adequado;
- incentivar as pessoas a assumir e exercitar responsabilidades;
- enfatizar o *feedback*;
- promover e facilitar a comunicação;
- entender que os resultados são mais importantes do que as horas trabalhadas;
- destacar a organização informal;
- observar as diretrizes e os problemas mais pontuais;
- ser seletivo e determinar o que precisa ser feito;
- usar dados para checagem e equilíbrio;
- selecionar pessoas com habilidades elogiáveis;
- determinar as direções principais e conduzir a equipe ao direcionamento;
- oferecer grandes recompensas por grandes resultados/ realizações;
- tomar decisões diferentes em circunstâncias especiais;
- promover melhorias por meio das mudanças;
- equilibrar e mesclar variáveis múltiplas e complexas;
- fazer as coisas certas;
- ser estratégico;
- levar em conta os conceitos e o quadro global;

- nivelar a organização estrutural;
- providenciar um ambiente seguro e confiante;
- desenvolver uma atmosfera de progresso;
- utilizar a política apenas como um guia para as ações;
- enfatizar o esforço da equipe e liderar pelo exemplo;
- encorajar a mudança contínua;
- reconhecer os conflitos e concentrar-se em resolvê-los, a fim de melhorar;
- promover a lealdade entre líderes e colaboradores;
- assumir riscos com planejamento;
- compartilhar informações com franqueza;
- abordar os problemas normais de trabalho e agir na direção certa;
- aprender com erros e abandoná-los assim que forem solucionados.

Mario Sergio Cortella, um dos mais conhecidos pensadores contemporâneos, afirma que **gestão é movimento**: pessoas e empresas não nascem qualificadas, mas qualificantes. Nesse sentido, a ponte para a perenidade da organização se dá pela capacidade dos líderes de formar pessoas que elevem o nível de vitalidade da empresa (Cortella, 2021).

Uma excelente ferramenta de gestão é a gerência por objetivos, método administrativo de planejamento e avaliação no qual se estabelecem os objetivos específicos de cada gestor ou gerente durante um período específico – geralmente um ano –, tendo como base os resultados que cada um deverá alcançar e levando em conta os objetivos globais da organização. Ao final do tempo estipulado, os resultados alcançados são avaliados e comparados com as expectativas que havia em relação a cada um dos envolvidos (McConkey, 1978).

Sob a perspectiva estratégica, costuma-se dizer que a gestão pode ser realizada de três maneiras: a já mencionada gestão por objetivos; a gestão estratégica; e a gestão participativa. A junção dessas três metodologias pode proporcionar ao gestor maior eficácia em suas ações (Albuquerque, 2016).

5.4 Ações gerenciais

Uma das maiores fontes de preocupação de gestores e gerentes consiste em tomar uma ação ou atitude gerencial, bem como avaliar quando tomá-la, haja vista que em certas ocasiões é difícil determinar o momento correto de tomar determinada decisão. O sábio Salomão, que foi rei em Israel e sucessor de Davi, dizia que tudo tem o seu tempo determinado e que há um momento propício para cada coisa que acontece debaixo do céu (Eclesiastes, 3: 1, Bíblia, 2002). A grande questão é reconhecer o tempo certo de tudo.

É comum ouvir as pessoas dizerem que, se tivessem uma chance de voltar no tempo, mudariam as coisas por completo e fariam tudo diferente, para ter uma vida melhor, mais equilibrada e com menos estresse. Conforme a visão de Barbosa (2011, p 14),

> um dia o homem será capaz de inventar uma máquina do tempo. Albert Einstein já demonstrou que essa ideia pode parecer ousada, mas não é absurda. Mesmo que isso seja verdade, é bom parar para pensar. O que lhe assegura que uma mudança em seu passado lhe traria um futuro melhor? O que garante que as alterações no roteiro de sua vida significariam mudanças positivas ou negativas? Essa resposta ninguém sabe.

Embora não possamos saber a resposta exata sobre o tempo dos dilemas decisórios, existem algumas alternativas que possibilitam escolhas mais acertadas. Elencamos algumas delas a seguir (Orr, 2001):

- indicar a situação que requer decisão;
- rever valores, propósitos, objetivos, alvos e padrões;
- promover uma "troca de ideias", na tentativa de criar alternativas;
- avaliar e analisar todas as possibilidades;
- verificar vantagens, desvantagens, riscos, obstáculos, recursos e consequências;
- escolher a melhor alternativa;
- desenvolver um plano de ação;
- implementar o plano de ação;
- avaliar a iniciativa e realizar ajustes.

Há também outro fator muito importante a ser contemplado na implementação de uma ação: a proatividade. Não basta decidir, é preciso ter disposição para a ação, ou seja, vencer a inatividade e a atrofia, arregaçar as mangas e, de fato, agir (Hybels, 2009).

5.5 Como controlar

Por que existem mecanismos de controle? Essa é uma das mais recorrentes perguntas feitas pelas pessoas. Em algumas organizações e empresas, existe até mesmo certa resistência aos controles; há também pessoas que os enxergam como obstáculo ao desenvolvimento de um trabalho. A verdade é que essas ferramentas precisam ser inteligentes, práticas, adequadas e funcionais. Quando são assim, cumprem um importante papel: mantêm as pessoas fiéis à visão, ao propósito, aos objetivos e aos alvos estabelecidos no escopo de um projeto, ou seja, são capazes de manter os envolvidos no trabalho disciplinados e no caminho certo.

Em outras palavras, de acordo com Orr (2001), os controles são nossos amigos e não devem ser vistos como inimigos, uma vez que eles evitam que saiamos do curso anteriormente programado. Sem controles, há uma tendência maior de não cumprir a visão estabelecida e de não alcançar o propósito, os objetivos e os alvos estipulados: "todas as nossas ações passam por severos controles de avaliação. Sabemos que sempre cometeremos erros, mas nos esforçamos por não repeti-los. É verdade que aquele que nunca caiu, nunca escalou" (Paes, 2003, p. 90).

Além da consciência da necessidade de controlar, também é preciso saber controlar. Existem pelo menos cinco passos para quem tem de executar um processo controlador (Orr, 2001):

1. determinar os resultados desejados;
2. estabelecer os padrões ou alvos;
3. avaliar e medir o desempenho;
4. comparar o desempenho verificado com padrões previamente determinados;
5. avaliar e efetuar os ajustes necessários.

O controle é a outra face do planejamento. Na verdade, ambos devem fazer parte do ciclo contínuo de um projeto. Portanto, o controle é uma forma de manutenção necessária a todo projeto, pois ele previne e soluciona problemas que poderiam colocar em risco o êxito da proposta.

5.6 Gestão de mudanças

Todas as organizações precisam realizar constantemente a gestão de mudanças, ou seja, devem estar dispostas a se desmontar e a se remontar quantas vezes forem necessárias (Paes, 2003). Com um projeto, não é diferente.

A liderança de organizações sem fins lucrativos é mais complexa do que a de uma empresa que vise a lucros, pois as entidades do terceiro setor são mais resistentes à mudança. Seus diretores executivos têm menos autoridade, e o sucesso é parcamente definido e difícil de ser medido; assim, muitos órgãos dessa natureza atuam como "anarquias organizadas". Para liderar e gerenciar instituições sob condições tão difíceis, requer-se uma habilidade excepcional (Powell, 1995).

O gestor de projetos tem como responsabilidade fazer os profissionais envolvidos no empreendimento entenderem que vivemos em um mundo mutante. Marcel Proust (1936), escritor francês, dizia que os dias podem até ser iguais para um relógio, mas nunca para um ser humano. De maneira geral, a linha de pensamento do autor se aplica não somente aos humanos, mas também às organizações. **O que não muda é a tendência à mudança.**

Uma sensação cada vez mais comum entre os seres humanos é a da instabilidade. A cada dia que passa, os indivíduos sentem que nada é permanente, que o mundo pode mudar de rumo a qualquer instante e que todos os referenciais de que dispõem podem deixar de existir. Esse sentimento se torna exponencialmente mais forte com catástrofes como a do dia 11 de setembro de 2001, nos Estados Unidos; quando uma economia de uma nação importante no mundo passa por dificuldades graves, influindo nas demais, como já ocorreu tantas vezes e tornará a ocorrer; ou, ainda, quando uma guerra irrompe do nada e, em geral, para o nada (Mussak, 2003).

Nesse cenário, o desafio do gestor de projetos é claro: promover mudanças em face da instabilidade que o cerca. Ele deve ser um construtor de pontes, um criador de mecanismos capazes de estimular as pessoas a atravessar o rio da incerteza, em direção a um futuro diferente. Portanto, a gestão de mudanças implica a criação de vínculos entre o passado e o futuro, bem como o auxílio àqueles que temem o porvir e se sentem inseguros em cruzar a ponte e assumir uma postura de envolvimento com as mudanças que virão.

5.7 Tomada de decisão

A tomada de decisão faz parte da rotina diária de todo e qualquer gestor, incluindo o de projetos. O problema é que os gestores nem sempre dispõem de um padrão que os ajude em suas resoluções. A seguir, apresentamos um processo prático que pode auxiliar em um processo decisório.

Quadro 5.1 – Processo decisório prático

Determinar a situação que requer uma tomada de decisão.	
Registrar a primeira alternativa decisória que pode ser aplicada.	
Registrar a segunda alternativa decisória que pode ser aplicada.	
Registrar a terceira alternativa decisória que pode ser aplicada.	

Observação

O exemplo conta apenas com três possibilidades de alternativas, mas é possível ampliar a planilha, inserindo novas opções.

Quadro 5.2 – Análise das alternativas decisórias 1, 2 e 3

Quais são os riscos que essa alternativa apresenta?	
Quais são os obstáculos que essa alternativa apresenta?	
Quais são as oportunidades que essa alternativa apresenta?	
Quais são os recursos que podem ser utilizados nessa alternativa?	

Após a análise de todas as opções que podem ser utilizadas, é preciso verificar se a determinação está em consonância com os princípios e os valores de toda a organização; estando tudo a contento, é o momento de tomar a decisão. Após o veredicto, há uma nova etapa, que é o curso pós-decisório de ação. Nessa fase, é necessário responder às seguintes perguntas:

- Como a decisão será implementada?
- Quando a decisão será implementada?
- Quais são os passos a serem dados?
- Quem estará encarregado de cada passo?
- Qual é o montante de recursos financeiros disponível?
- Como será realizada a prestação de contas dos recursos?
- Quando ocorrerá a prestação de contas dos recursos?
- A quais pessoas ou organizações se deverá prestar contas?

A metodologia apresentada não precisa ser utilizada como um padrão, mas é um exemplo de roteiro a ser seguido em processos decisórios.

5.8 *Softwares* para gestão de projetos

A cada dia surge um novo *software* para a gestão de projetos. Para escolher a ferramenta mais adequada a determinado projeto, é importante verificar a relação custo-benefício. Passemos, então, a quatro opções de recursos muito utilizados na atualidade.

Importante!

Nosso objetivo aqui é informar o leitor sobre a existência de alguns dos *softwares* empregados na gestão de projetos; há dezenas de boas ferramentas no mercado. Vale a pena entrevistar pessoas que atuam em projetos similares ao projeto que se pretende desenvolver para ter uma ideia melhor acerca do *software* mais adequado a ser aplicado ao projeto.

5.8.1 Microsoft Project

O Microsoft Project, ou MS Project, é um dos mais antigos do mercado, lançado no ano de 1985. Ainda assim, é uma ferramenta muito atual, que visa auxiliar mais diretamente no planejamento e no controle de processos. A ferramenta conta com uma grande variedade de recursos que permitem o gerenciamento e a gestão de um projeto, desde o início até o final do processo.

5.8.2 Jira Software

O Jira Software é considerado uma das ferramentas mais ágeis de gestão e gerenciamento de projetos existentes na atualidade. O grande diferencial desse recurso consiste na disponibilização de metodologias como o Scrum e o Kanban.

5.8.3 Operand

O Operand é um *software* de gestão de projetos integrado. É uma valiosa ferramenta de gestão de projetos, de tarefas e de equipes. Seu principal diferencial é a integração das pessoas aos processos da organização de maneira mais colaborativa, permitindo que as equipes sempre estejam informadas do que ocorre no processo.

5.8.4 Artia Software

O Artia Software é tido como um dos *softwares* de mais fácil utilização. Por ser capaz de auxiliar na criação de projetos complexos e de elevado grau de detalhamento, é ideal para o gerenciamento e a gestão de trabalhos desenvolvidos em equipe.

Síntese

Neste capítulo, tratamos do gerenciamento de projetos sob uma ótica estratégica, de modo a permitir a aplicação de um conjunto de práticas de gestão que favoreçam o crescimento e o favorecimento do projeto. Em seguida, mostramos que a administração, a gestão e o gerenciamento de um projeto andam de mãos dadas. Também detalhamos as especificidades de cada uma dessas atividades e expusemos sua influência no bom andamento e na boa execução de um projeto social e religioso.

Por fim, defendemos a ideia de que um dos grandes segredos do gerenciamento de um projeto é sua correta gestão, que demanda a tomada de ações gerenciais pontuais, bem como o correto controle de seus diversos mecanismos, que deve ser associado a uma gestão de mudanças capaz de gerar transformações positivas.

Indicação cultural

MARIO TRENTIM – GESTÃO DE PROJETOS. **Aula 03**: Como gerenciar qualquer projeto em 7 passos práticos. 26 mar. 2020. Disponível em: <https://www.youtube.com/watch?v=7KTrsOu_jJw>. Acesso em: 24 out. 2022.

Esse vídeo apresenta uma visão diferenciada da gestão de projetos.

MARIO TRENTIM – GESTÃO DE PROJETOS. **O que é gestão ágil de projetos?** 1º nov. 2020. Disponível em: <https://www.youtube.com/watch?v=Ipjxv5uU1R8>. Acesso em: 24 out. 2022.

Esse vídeo oferece informações importantes sobre a gestão ágil de projetos.

Atividades de autoavaliação

1. Marque a alternativa correta:
    a) Administração, gestão e administração são conceitos iguais e aplicáveis à gestão de projetos.
    b) O gerenciamento de um projeto não demanda a utilização de mecanismos de controle.

c) Os mecanismos de controle não são recomendados na gestão de projetos, pois burocratizam e prejudicam a gestão.

d) Os mecanismos de gestão precisam ser inteligentes, adequados, práticos e funcionais.

e) *Administração* e *liderança* são termos correlatos.

2. Marque a alternativa correta:

   a) Projetos religiosos e sociais não precisam de gestão de mudanças, pois iniciativas desse tipo são voltadas para organizações que pouco se modificam ao longo do tempo.

   b) A gestão de mudanças em organizações sem fins lucrativos é mais fácil do que em outros tipos de organização.

   c) O desafio de um gestor de projetos sociais e religiosos é promover mudanças, mesmo que em meio às instabilidades que o cercam.

   d) As mudanças devem sempre ser pautadas exclusivamente nas informações do passado.

   e) O principal desafio de um gestor é manter o *status quo*.

3. Analise as proposições a seguir sobre a tomada de decisão relativa ao orçamento de um projeto:

   I) A tomada de decisão faz parte da rotina de um gestor de projetos.

   II) A tomada de decisão leva em conta a análise de riscos, obstáculos, oportunidades e recursos.

   III) A tomada de decisão deve se dar com base na análise de oportunidades, mesmo que elas estejam em desconformidade com os valores e princípios da organização.

   IV) A tomada de decisão não exige a análise de todas as opções a serem tomadas. Ela se concentra nas mais vantajosas.

Agora, assinale a alternativa correta:

a) Somente a proposição I está correta.
b) Somente as proposições I e II estão corretas.
c) Somente as proposições I, II e III estão corretas.
d) Somente a proposição IV está correta.
e) Somente a proposição II está correta.

4. Sobre os *softwares* para gestão de projetos, assinale a alternativa correta:
   a) Os *softwares* são ferramentas que auxiliam a tomada de decisão.
   b) O MS Project é um *software* desatualizado e com poucos recursos.
   c) O Jira Software não é indicado para gestão de projetos.
   d) O Operand tem um ponto negativo: ele não integra as pessoas aos processos.
   e) O Operand não é recomendável para projetos sociais e religiosos.

5. Sobre o tema *gerenciamento de projetos*, indique se as afirmativas a seguir são verdadeiras (V) ou falsas (F):
   ( ) O gerenciamento de projetos é um tema em desuso no mercado.
   ( ) O gerenciamento de projetos não visa à tomada de decisões estratégicas.
   ( ) O objetivo final de um projeto religioso e social é sempre gerar lucro.
   ( ) O gerenciamento de projetos não deve propor mudanças, mas manter o *status quo*.

Agora, assinale a alternativa que indica a sequência correta:

a) V, V, F, F.
b) V, F, V, F.
c) V, F, F, V.
d) F, F, F, F.
e) F, V, V, V.

Atividades de aprendizagem

Questões para reflexão

1. De que maneira é possível realizar uma gestão de projetos estratégica?

2. Discorra sobre o desafio das ações gerenciais.

Atividade aplicada: prática

1. Dê sua opinião sobre os *softwares* para gestão de projetos apresentados neste capítulo.

capítulo seis

Avaliando e monitorando
os resultados

06

Neste capítulo, abordamos conceitos relacionados à avaliação e ao monitoramento dos resultados de um empreendimento, considerando suas aplicações em projetos sociais e religiosos. Apresentamos as tipologias específicas de projetos e discorremos sobre os instrumentos utilizados para avaliação, destacando alguns tipos de formação de equipes avaliativas. Em seguida, tratamos de um importante ponto do processo de avaliação e monitoramento: os indicadores sociais. Por fim, discutimos a definição de *equipes de avaliação*, fundamental para o entendimento das diferentes formas avaliativas.

6.1 Conceitos de *avaliação* e de *monitoramento*

Avaliação e *monitoramento* são dois termos bastante próximos. O primeiro diz respeito ao ato de avaliar, apreciar ou estimar. Já o segundo se refere ao acompanhamento, ao controle, à observação, à fiscalização e à direção (Bueno, 2000).

A avaliação de um projeto pode ser realizada por meio de um estudo de viabilidade, no qual são analisadas a exequibilidade, as alternativas para o êxito dos objetivos, as opções de estratégia e a metodologia da iniciativa. Com base nesses itens, o gerente de projetos pode projetar os possíveis resultados e riscos e as prováveis consequências de cada ação (Consalter, 2012). Essa atividade deve considerar os vínculos entre os valores e os benefícios para que as métricas do impacto social de cada projeto possam ser inferidas, uma vez que as organizações sociais têm a natureza de projetarem uma importância social capaz de ser, ao mesmo tempo, relevante e associada a resultados que sejam capazes de impactar pessoas (Cabral, 2011). Portanto, a avaliação de um projeto social precisa levar em conta especificidades que forneçam ao gestor condições de desenvolver e operacionalizar os planos de ação que a organização vai executar (Consalter, 2012).

Quanto ao conceito de *monitoramento*, o autor Miguelangelo Gianezini (2017, p. 18) apresenta uma definição bastante didática e prática:

> o conceito de monitoramento, que engloba aqui também o termo acompanhamento, encerra uma ambiguidade e pode se referir a dois processos distintos, ainda que interligados. Por um lado, o acompanhamento dos programas consiste em uma atividade interna da organização, um procedimento "a distância"; por outro, o monitoramento também se refere

a processos "presenciais", checagens locais, que acabam constituindo um tipo de pesquisa rápida, qualitativa, por meio da qual os gestores, pesquisadores ou outros agentes podem verificar como a implementação está sendo realizada e se está atingindo seus objetivos, além de identificar que problemas estão interferindo nas ações, nos processos e na consecução das metas previstas.

Há três passos primordiais para a avaliação de um projeto. O primeiro deles consiste em estabelecer a visão do que será fornecido às pessoas, pois isso dará direção ao projeto (Magno, 2019). O segundo passo é verificar quando o produto ou o serviço será fornecido. Nesse ponto, é necessário avaliar o prazo do projeto, o horizonte do planejamento, bem como definir as ações a serem desenvolvidas (recomenda-se que elas estejam dispostas adequadamente no plano visual por meio de um cronograma físico). Por fim, o terceiro passo é averiguar a precificação, ou seja, quanto custará o produto ou o serviço. Esse é o momento de avaliar o orçamento do projeto; nesse caso, sugere-se que os valores estimados também sejam inseridos em um cronograma financeiro, para uma melhor visualização (Consalter, 2012).

Em suma, a avaliação e o monitoramento são ações que podem acontecer em três diferentes momentos do projeto: em sua aprovação; em sua implementação; e durante a mensuração de seus resultados (Giehl et al., 2015).

6.2 Avaliação e monitoramento aplicados a projetos sociais e religiosos

A avaliação e o monitoramento de projetos voltados a organizações sem fins lucrativos têm suas particularidades, especialmente pelo fato de poderem incluir a criação e a divulgação de campanhas de conscientização pública, o que pode atrair clientes ou cidadãos que, no futuro, venham a pressionar a organização para que apresente os resultados de suas iniciativas (Consalter, 2012).

Na atualidade, é de fato temeroso formular um projeto social sem que se saiba como ele será avaliado, pois somente com base na metodologia de avaliação é possível determinar o grau de qualidade do empreendimento. Em outras palavras, a avaliação e o monitoramento podem ser considerados distintos, mas também relacionados e complementares, uma vez que a primeira serve de ponto de referência para a reformulação de um projeto ou para a elaboração de novos projetos, "permitindo medir os custos e o impacto (ou os benefícios) dele, assim como as relações existentes entre ambos" (Giehl et al., 2015, p. 152).

Um recurso que precisa constantemente ser avaliado e monitorado é o banco de dados da organização, visto que é cada vez maior a importância do gerenciamento de informações, sejam elas pessoais, sejam elas organizacionais. A disciplina no trabalho com tais informações deve ser irrepreensível (Cruz; Estraviz, 2003).

A presença da avaliação tem se tornado cada vez maior em nossas rotinas. Julgamos o tempo todo, ainda que nem sempre tenhamos consciência de que essa ação já é, em si mesma, uma forma de avaliação (Giehl et al., 2015). Nesse aspecto, o monitoramento refere-se ao acompanhamento de processos e à identificação de eventuais falhas na execução da proposta, bem como à análise das características de sua realização. A avaliação será realizada em momentos estratégicos predeterminados, com metodologias e critérios de seleção e de análise de dados mais aprofundados (Hack, 2020).

Quando se aplicam a avaliação e o monitoramento aos projetos sociais e religiosos, é preciso analisar os seguintes itens (Giehl et al., 2015):

- eficiência;
- efetividade;
- relevância;
- resultados;
- sustentabilidade.

A eficácia de um projeto está diretamente ligada ao alcance dos objetivos e das metas previstos para o empreendimento. Nesse cenário, um projeto pode ser eficiente em sua execução, mas, se não cumprir seus desígnios, não será eficaz (Hack, 2020).

É por isso que tanto a avaliação quanto o monitoramento são elementos de grande valia para os projetos sociais e religiosos. Para que tais iniciativas sejam empreendidas de modo eficaz, elas exigem um aperfeiçoamento constante. Por essa razão, as técnicas utilizadas nessas atividades devem ser aprimoradas ao longo do tempo (Ramos et al., 2012). Uma maneira excelente de monitorar a gestão de um projeto é o desenvolvimento de planilhas de mensuração de resultados, entre as quais destacamos três tipos (Cruz; Estraviz, 2003):

1. planilhas de indicadores de desempenho;
2. planilhas de metas de desempenho;
3. planilhas de monitoramento dos indicadores de desempenho.

Importante!

De acordo com Hack (2020), o preenchimento correto e a análise adequada das planilhas possibilitam uma avaliação de alto impacto, que permite a verificação e compreensão do verdadeiro potencial de transformação de um projeto.

A avaliação e o monitoramento, como atividades correlatas à gestão de projetos sociais e religiosos, também podem servir como importante instrumento para captação de recursos (Ramos et al., 2012), uma vez que podem ser apresentados aos potenciais investidores financeiros do empreendimento.

O trabalho com projetos sociais pressupõe a aplicação de mecanismos de controle, importantes para a aferição da credibilidade e da estabilidade dos projetos. Nesse contexto, a avaliação de resultados traz à tona a oportunidade de planejar e replanejar de maneira mais estratégica e eficaz, antecipando-se até mesmo possíveis correções de rumo (Giehl et al., 2015).

6.3 Tipos de avaliação de projetos

Avaliar projetos não é uma tarefa simples, especialmente porque não existe uma única maneira de fazê-lo. Pelo contrário, há diversas metodologias de avaliação disponíveis na atualidade. Além disso, é possível que diferentes avaliadores utilizem os mesmos tipos de avaliação e cheguem a conclusões e diagnósticos diferentes. Entre as tipologias de avaliação existentes hoje, destacamos as três principais (Gianezini, 2017):

1. **Ex ante**: realizada antes da execução do programa ou projeto.
2. **De meio termo**: acontece no momento da implementação do projeto social
3. **Ex post**: ocorre ao término do projeto, pois visa mensurar os aspectos positivos e negativos.

A avaliação *ex ante* tem como fundamento da análise a orientação para que a decisão recaia sobre a alternativa que seja mais efetiva, eficaz e eficiente. Ela se baseia no cumprimento das seguintes etapas (Hack, 2020):

a) diagnóstico do problema;
b) caracterização da política (objetivos, ações, público-alvo e resultados esperados);
c) desenho da política;
d) estratégia de construção de confiabilidade e de credibilidade;
e) estratégia de implementação;
f) planos de monitoramento, de avaliação e de controle;
g) análise de custo-benefício;
h) impacto orçamentário e financeiro.

A avaliação de meio termo, por seu turno, concentra-se nos processos, na qualidade e na satisfação. É utilizada na correção de erros e pode variar de um caso para outro, a depender da diversidade e da complexidade dos fatores a serem levantados no projeto e do tempo para a realização da avaliação de cada projeto (Gianezini, 2017).

Finalmente, a avaliação *ex post* visa identificar até que ponto o projeto atingiu, de fato, os objetivos inicialmente traçados. Alguns especialistas denominam esse método de *avaliação de produto* ou *avaliação somativa*. Independentemente da nomenclatura, esse tipo de avaliação serve basicamente para se estabelecer um julgamento do mérito e da relevância de determinados critérios, bem como para relatar o efeito final ou o impacto de um projeto após o período de implementação de todas as ações (Gianezini, 2017).

6.4 Instrumentos de avaliação de projetos

O principal instrumento de avaliação de um projeto são seus avaliadores, que, por sua vez, diferem com relação aos seus métodos de trabalho. A seguir, elencamos, de acordo com Gianezini (2017), os principais tipos de avaliação de projetos:

- **Avaliação externa**: realizada por profissionais de fora da empresa, que não estão ligados aos processos organizacionais. Esse método tem a vantagem de ser conduzido por uma equipe de especialistas externos, mas incorre no risco de permitir que o distanciamento dos avaliadores com relação ao cotidiano das ações do projeto deixe escapar certas especificidades.
- **Avaliação interna**: é constituída, como o próprio nome sugere, por pessoas de dentro da entidade, que compõem a esfera da gestão do projeto. Seu grande diferencial positivo é o fato de ser conduzida por pessoas conhecedoras da disciplina e que participam das ações do projeto. Por outro lado, traz como aspectos negativos o risco da perda de objetividade e a possibilidade de beneficiar os próprios interessados pela execução do projeto.
- **Avaliação mista**: mescla dos dois tipos anteriores, é desenvolvida de maneira conjunta – com avaliadores externos e internos. Seu aspecto positivo é a tendência de eliminar os fatores negativos das duas tipologias anteriores, mas incorre na possibilidade de não se obter um consenso.

- **Avaliação participativa**: prevê a participação da comunidade para avaliar aspectos ligados ao planejamento, à programação, à execução e à operação do empreendimento. Embora saibamos que a participação comunitária é, em determinados momentos, imprescindível à realização de um projeto, há a possibilidade de a comunidade não levar em conta aspectos propostos pelos especialistas na gestão do projeto.
- **Avaliação por pares**: é a tipologia mais recente aplicada em projetos sociais e religiosos. Tem sido utilizada na comunidade científica pelo fato de envolver especialistas ou pesquisadores de áreas específicas.

No que diz respeito às funcionalidades dos tipos de avaliação, as três principais tipologias são (Gianezini, 2017):

1. avaliação de conformidade;
2. avaliação somativa;
3. avaliação formativa.

Vale lembrar que, para além da tipologia a ser escolhida para a avaliação de um projeto, deve-se considerar que toda avaliação deve observar os seguintes fatores de gestão, conforme Valeriano (2005):

- integração;
- escopo;
- tempo;
- recursos;
- custos;
- qualidade;
- ambiente;
- pessoas;

- comunicações;
- riscos;
- suprimento.

Além disso, toda ferramenta de controle avaliativo deve ser capaz de realizar pelo menos quatro procedimentos (Orr, 2001):

1. medir o desempenho, a fim de avaliar o que está sendo feito;
2. comparar o desempenho com os padrões e as expectativas, de modo a viabilizar a otimização das diferenças;
3. corrigir os desvios desfavoráveis, mediante a aplicação de providências corretivas em tempo hábil;
4. recompensar o desempenho favorável.

As tipologias de avaliação fazem parte de um sistema de controle necessário e útil para a consolidação de qualquer projeto. A controlabilidade e a observabilidade são essenciais, e as ferramentas de controle contribuem para o sucesso dos sistemas de avaliação.

6.5 Formação de equipes de avaliação

A formação de uma equipe de avaliação é essencial para o desenvolvimento de um projeto social e religioso, principalmente porque são os avaliadores que podem fornecer as informações e os relatórios gerenciais condensados. Nessa perspectiva, vários relatórios podem ser elaborados com as informações fundamentadas em controles. Especificamente, "os relatórios de desempenho do trabalho são um subconjunto de documentos do projeto que visam conscientizar e gerar decisões ou ações" (Branco; Leite; Junior, 2016, p. 278-279). É válido ressaltar que esses documentos não podem ser extensos – geralmente, os *stakeholders* não têm tempo para avaliar relatórios complexos. Além disso, o formato e o estilo utilizados para a confecção dos relatórios influenciam significativamente na compreensão da informação.

A escolha dos componentes de uma equipe de avaliação de projetos deve levar em conta dois aspectos essenciais: o comportamental e o técnico. No que tange ao primeiro deles, um avaliador deve cumprir o seguintes pré-requisitos (Lima, 2009):

- estar preparado para mudanças;
- estar preparado para reinícios;
- ser proativo;
- ser disciplinado;
- conhecer os objetivos do projeto;
- ter bom humor diante das dificuldades;
- ser uma pessoa agregadora.

No que diz respeito aos aspectos técnicos, os requisitos são os seguintes (Lima, 2009):

- solicitar ao gestor (ou gestores) do projeto uma relação de atividades;
- caso não receba a relação de atividades, ele mesmo deve criá-la e buscar a aprovação desta com seus superiores;
- ter em mãos diversos planos do projeto;
- seguir os planos existentes;
- propor possibilidades de melhoria, caso as identifique.

Outro fator primordial para a montagem de uma equipe de avaliação é a diversidade cultural dos avaliadores. Via de regra, esse ponto nem sempre é observado na composição de um grupo, principalmente porque há uma tendência de contratar avaliadores que pensem de maneira parecida.

O conceito de *diversidade cultural* é complexo e envolve grandes embates teóricos em busca da definição de sua abrangência e de suas possíveis categorizações. Porém, existe unanimidade ao se tratar da questão da identidade. Nkomo e Cox Jr. (1999, p. 338) definem *diversidade* como "um misto de pessoas com identidades grupais diferentes dentro do mesmo sistema social". É possível perceber facilmente essa diversidade nas ruas ou mesmo nos corredores e departamentos das mais diversas organizações, locais onde se encontram pessoas com diferentes características quanto a gênero, orientação sexual, escolha religiosa, faixa etária (geracional), capacidades e limitações. Essa variedade desafia sobremaneira os gestores de pessoas (Oliveira, 2018).

Além dos elementos específicos de uma equipe de avaliação, há particularidades importantes inerentes a gestores que se propõem a formar uma equipe de trabalho, tais como (Housel, 2017):

- capacidade de identificar as finalidades da equipe;
- aptidão para estabelecer os objetivos do grupo;
- envergadura para planejar os objetivos;
- competência para definir um código de conduta;
- facilidade de utilização das habilidades e dos talentos de cada integrante do grupo;
- disposição para determinar os papéis de cada pessoa da equipe;
- experiência para escolher o tamanho correto do grupo;
- conhecimento para selecionar a tarefa adequada para a equipe.

É preciso deixar claro que, além dos elementos anteriormente abordados, espera-se que uma equipe de avaliação de projetos seja, de fato, de alto desempenho e capaz de alcançar uma alta *performance*. Os times de projetos que fazem a diferença geralmente são aqueles que se valem de estratégias comprovadas e cujos membros têm habilidades, atitudes e competências que lhes permitem atingir as metas da equipe (Dyer, 2011).

6.6 Indicadores sociais como parte do processo

O gerenciamento e o controle de um projeto social e religioso devem ser realizados por meio da utilização de indicadores que estejam fortemente relacionados a indicadores estratégicos, especialmente porque as mudanças (externas e internas) no ambiente organizacional podem causar impacto no projeto e no programa, demandando a realização de mudanças no portfólio da organização (Branco; Leite; Junior, 2016).

Aprende-se a andar andando, assim como se aprende a nadar nadando; porém, não basta gerir a empresa ou a instituição para melhorá-las – é indispensável aprender a medir o desempenho da gestão. Assim, o gestor que não é capaz de mensurar seu desempenho também não é capaz de geri-lo e, portanto, não pode melhorar sua *performance* (Caldeira, 2018). Por isso, os indicadores são importantes ferramentas para a verificação do bom andamento de um projeto e são também fundamentais para o reconhecimento e futuramente, para a solução de problemas que possam ocorrer futuramente durante o ciclo de vida do plano (Eizerik; Danilevicz; Paula, 2020).

Num processo de monitorização da *performance* (desempenho), os indicadores são de fato o elemento mais crítico. Sua função é apurar o nível das realizações da organização (resultados), para que elas possam ser comparadas às metas preestabelecidas e para que sejam apurados desvios e níveis de êxito do empreendimento.

Acabam, desse modo, por gerar consenso na organização, já que constituem o mecanismo aceito por todos para a quantificação objetiva dos resultados realizados. Nesse cenário, é fácil determinar as desvantagens de uma análise subjetiva efetuada por vários intervenientes em relação ao grau de desempenho dos indicadores. Dificilmente se atinge o consenso em uma análise não objetiva. Convém, então, assegurar que o modelo de leitura da *performance* organizacional seja claro e gere o acordo por parte de todos os participantes.

Um dos motivos pelos quais a utilização de indicadores é muito importante reside no fato de que nem sempre aquilo que é considerado bem-sucedido pelos investidores é percebido dessa maneira por outras pessoas. O que é considerado bom para um grupo pode ser considerado ruim para outro (Eizerik; Danilevicz; Paula, 2020). Sob o ponto de vista conceitual, muitas vezes o termo *indicador* é confundido com outra denominação, que também é própria da gestão de projetos: *algoritmo*. A diferenciação entre os dois conceitos é importante, pois eles têm diferentes objetivos. O primeiro constitui a designação do instrumento de apuramento (algoritmo) do resultado. Já o algoritmo, também conhecido como *fórmula de cálculo*, nada mais é do que a própria fórmula matemática que permite apurar o resultado registrado (Caldeira, 2018).

Um bom indicador leva o avaliador a responder às seguintes perguntas quanto ao objeto a ser avaliado:

- Para que serve?
- Como se calcula?
- Onde se vai buscar a informação?
- Quando se deve apurar?

É preciso lembrar, além disso, que

> os indicadores de sucesso de um projeto não são necessariamente iguais para as diversas partes envolvidas. Um exemplo disso se apresenta numa comparação entre a área de tecnologia da informação, a qual considera que a informação obtida e sua confiabilidade são os parâmetros mais importantes para a avaliação do sucesso de um projeto [...]. Por outro lado, em outras áreas, como a dos planos de saúde, os resultados financeiros são os principais parâmetros de sucesso [...]. (Eizerik; Danilevicz; Paula, 2020, p. 7)

Os especialistas do tema também salientam que existem diferenças significativas entre os indicadores do projeto e os indicadores de gestão do projeto. Os indicadores do projeto são definidos inicialmente, na fase de planejamento, e são gerados com base nos requisitos de valor, possibilitando a implementação de ações corretivas ao longo do curso do projeto, com a intenção clara e objetiva de se alcançar, de fato, o resultado esperado. Já os indicadores de gestão do projeto são os indicadores de custo, de efetividade e de tempo, sendo mensuráveis somente durante ou após a execução do projeto (Eizerik; Danilevicz; Paula, 2020).

Síntese

Neste capítulo, abordamos a avaliação e o monitoramento de um projeto social e religioso, elencamos as principais tipologias de projetos em voga na contemporaneidade e apresentamos alguns dos instrumentos utilizados para a avaliação de um projeto.

Também tratamos da formação de equipes de avaliação e da possibilidade de utilização de alguns indicadores sociais como ferramentas para as equipes de avaliação. Em seguida, discorremos sobre o uso de planilhas no monitoramento.

Por fim, destacamos os três principais tipos de avaliação de projetos: *ex ante*, de meio termo e *ex post*. A respeito dos instrumentos de avaliação, elencamos os cinco principais: avaliação externa; avaliação interna; avaliação mista; avaliação participativa; e avaliação por pares.

Indicação cultural

MARIO TRENTIM – GESTÃO DE PROJETOS. **Aula 15**: Como controlar e monitorar um projeto. 1º abr. 2020. Disponível em: <https://www.youtube.com/watch?v=Nei3nOdRTOM> Acesso em: 25 out. 2022.

Esse vídeo apresenta mais alguns elementos relacionados ao controle e ao monitoramento de projetos.

SQUADRA ASSESSORIA E CONSULTORIA. **O que é avaliação e monitoramento de projetos sociais**. 25 nov. 2019. Disponível em: <https://www.youtube.com/watch?v=VPPLoZOBep4>. Acesso em: 25 out. 2022.

Recomendamos esse vídeo para que você observe diferentes visões sobre o monitoramento de projetos sociais.

Atividades de autoavaliação

1. Marque a alternativa correta:
   a) *Avaliação* e *monitoramento* são conceitos exatamente iguais.
   b) A avaliação de um projeto deve ser realizada por meio de um estudo de viabilidade.

c) Os três passos para a avaliação de um projeto são: descobrir o serviço a ser ofertado; verificar o serviço a ser ofertado; ofertar o serviço aos concorrentes.
d) A avaliação de serviços sociais e religiosos tem sido cada vez menos necessária na atualidade.
e) A avaliação é desnecessária quando o gestor já dispõe de todos os recursos para a execução do projeto.

2. Marque a alternativa correta:
a) O monitoramento está diretamente ligado ao acompanhamento dos processos.
b) O uso de planilhas não é indicado para o monitoramento de projetos sociais e religiosos.
c) A avaliação de alto impacto deve ser realizada antes do lançamento do projeto.
d) Os mecanismos de controle costumeiramente atrapalham o processo de monitoramento.
e) Mecanismos de controle sempre geram burocracia e não são recomendáveis para a gestão de projetos sociais e religiosos.

3. Analise as proposições a seguir, que dizem respeito aos tipos de projetos:
I) Há várias maneiras de se avaliar um projeto.
II) É possível que diferentes avaliadores utilizem as mesmas ferramentas de avaliação e cheguem a conclusões diferentes.
III) A avaliação *ex ante* é feita ao final do projeto.
IV) A avaliação *ex post* é realizada antes de o projeto ser iniciado.

Agora, assinale a alternativa correta:

a) Somente as afirmativas I e II estão corretas.
b) Somente as afirmativas I e III estão corretas.

c) Somente as afirmativas I, II e III estão corretas.
d) Somente as afirmativas II e IV estão corretas.
e) Somente as afirmativas I e IV estão corretas.

4. Sobre a avaliação *ex ante*, assinale a alternativa correta:
   a) Ela visa garantir a qualidade e a satisfação dos beneficiados pelo projeto.
   b) Ela determina se os objetivos iniciais foram alcançados.
   c) Ela se propõe a diagnosticar o problema.
   d) Ela também é conhecida como *avaliação de produto*.
   e) Ela tende a descreditar o projeto.

5. Sobre o tema *instrumentos de avaliação de projetos*, indique se as afirmativas a seguir são verdadeiras (V) ou falsas (F):
   ( ) O principal instrumento de avaliação de um projeto são seus avaliadores.
   ( ) A avaliação externa é realizada por pessoas de fora da organização.
   ( ) Na avaliação externa, os avaliadores participam das ações do projeto.
   ( ) A avaliação participativa não leva em conta a participação comunitária.

   Agora, assinale a alternativa que indica a sequência correta:
   a) V, V, F, F.
   b) V, F, V, F.
   c) V, F, F, V.
   d) F, F, F, F.
   e) V, V, V, V.

Atividades de aprendizagem

Questões para reflexão

1. Com base na leitura deste capítulo e de seu aprendizado, cite as três principais tipologias de avaliação e especifique a importância de cada uma.

2. Cite exemplos de fatores a serem levados em conta na aferição de controle avaliativo e justifique sua resposta.

Atividade aplicada: prática

1. Pergunte a um líder ou gestor de projetos sociais e religiosos quais métodos ele usa para formar equipes de avaliação de projetos.

capítulo sete

Conceitos importantes da gestão de projetos sociais e religiosos

07

Neste último capítulo, apresentamos conceitos relacionados à gestão de projetos sociais e religiosos, tais como Estado constitucional e liberdade religiosa, tomando por base as teorias e aplicações jurisprudenciais correlatas. Em seguida, tratamos do regime jurídico das organizações religiosas e seus aspectos nos âmbitos cível, trabalhista e previdenciário. Na sequência, elencamos possibilidades de parceria entre o Estado e o terceiro setor.

Por fim, abordamos a regularização e a prestação de contas de um projeto, bem como as práticas contemporâneas de *compliance* e de mecanismos anticorrupção, dando ênfase às questões inerentes à Lei Geral de Proteção de Dados – LGPD (Brasil, 2018a), que vem sendo aplicada para fins de privacidade e retenção de dados.

7.1 Estado constitucional e liberdade religiosa: teoria geral e aplicações jurisprudenciais

Um dos assuntos mais comentados na atualidade se refere à questão do Estado constitucional de direito, que, por sua vez, tem uma ligação muito próxima com as discussões relacionadas à liberdade religiosa, temática que gera muitas divergências, pelo simples fato de afetar crenças, valores e princípios individuais.

Antes de entrar mais abertamente na discussão do tema, precisamos salientar que a Constituição Federal (CF) votada e promulgada em 1988 define que os poderes do Estado são três: Executivo, Legislativo e Judiciário. A Constituição Cidadã, que é a lei maior vigente no país, assegura que todos os poderes federativos devem operar em harmonia entre si e, principalmente, com interdependência (Brasil, 1988).

Nesse sentido, o conceito de *Estado constitucional*, que também é conhecido como *Estado de direito*, está relacionado ao poder do Estado (nação), o qual assegura que uma decisão não pode ser tomada se for contrária à legislação. Portanto, é esse fundamento que fornece subsídios para que as leis do país não sejam violadas, de modo a garantir que o poder emane do povo, e não dos líderes que os representam.

Importante!

"Todo o poder emana do povo, que o exerce por meio de representantes eleitos ou diretamente, nos termos desta Constituição" (Brasil, 1988).

Portanto, todo o poder exercido pelos governantes em suas decisões deve estar pautado no conjunto de leis estabelecidas pelo Estado de direito. Em outras palavras, o poder decisório está limitado pela lei. Desse modo, é possível afirmar que a Constituição Federal exerce uma força normativa que vai além das questões jurídicas, mas também tem forte influência política:

> a Constituição de um país expressa as relações de poder nele dominantes: o poder militar, representado pelas Forças Armadas, o poder social, representado pelos latifundiários, o poder econômico, representado pela grande indústria e pelo grande capital, e, finalmente, ainda que não se equipare ao significado dos demais, o poder intelectual, representado pela consciência e pela cultura gerais. As relações fáticas resultantes da conjugação desses fatores constituem a força ativa determinante das leis e das instituições da sociedade, fazendo com que estas expressem, tão somente, a correlação das forças que resulta dos fatores reais de poder; esses fatores reais do poder formam a Constituição real do país (...). (Hesse, 1991, p. 9)

A liberdade religiosa pode ser exercida de maneira individual e coletiva. No âmbito coletivo, interessa-nos a modalidade associativa que dá origem às organizações religiosas, que têm nas igrejas sua forma mais comum. Essas entidades nascem de confissões religiosas, ou seja, de sua história e tradição, necessárias à prática do culto religioso e da divulgação da fé. A organização que tenha por escopo fins diversos daqueles relacionados à divulgação da fé e à prática dos cultos, como fazer caridade ou proporcionar educação e assistência médica, não será entidade religiosa, ainda que formada por fiéis confessionais. Por outro lado, um órgão religioso pode realizar outros atos diversos dos eclesiásticos, como fornecer alimentação para pessoas carentes, promover campanhas e prover assistência educacional não religiosa (Teixeira, 2020).

Ainda sobre esse tópico da liberdade de religião, a CF assegura, em seu preâmbulo, uma sociedade fraterna, pluralista e sem preconceitos, conforme segue:

> Nós, representantes do povo brasileiro, reunidos em Assembleia Nacional Constituinte para instituir um Estado Democrático, destinado a assegurar o exercício dos direitos sociais e individuais, a liberdade, a segurança, o bem-estar, o desenvolvimento, a igualdade e a justiça como valores supremos de uma sociedade fraterna, pluralista e sem preconceitos, fundada na harmonia social e comprometida, na ordem interna e internacional, com a solução pacífica das controvérsias, promulgamos, sob a proteção de Deus, a seguinte CONSTITUIÇÃO DA REPÚBLICA FEDERATIVA DO BRASIL. (Brasil, 1988)

Vale notar que o legislador constituinte considera que o Estado democrático é responsável por zelar pelos direitos, sejam eles coletivos, sejam eles individuais, o que inclui a liberdade plural e sem preconceitos. Em termos religiosos, o próprio preâmbulo constitucional assegura a liberdade religiosa e de pensamento.

Outro aspecto interessantíssimo da CF em vigência é a laicidade do Estado. Em outras palavras, a nação não deve obrigar o cidadão a ser de determinada religião, como acontece em alguns países. Ainda que a maior parte dos brasileiros possa se declarar cristã, não há a intencionalidade constitucional em fazer com que todo brasileiro também adote a crença em Cristo. Assim, levando-se em conta o aspecto da laicidade estatal, é preciso que se respeitem todas as formas de religiosidade. Embora essa seja uma verdade constitucional, muitas vezes ela é interpretada de maneira errônea, entendendo-se que o país é uma nação que não acredita em Deus. Tal concepção é inadequada, haja vista que, apesar de o Estado ser laico, ele não é ateu, pois o próprio preâmbulo constitucional indica que se roga pela proteção de Deus. Ainda assim, o ateu deve ser respeitado, mesmo vivendo em um país que, constitucionalmente, declara acreditar em Deus; caso contrário, incorrer-se-á na contrariedade de um dos objetivos fundamentais da República Federativa do Brasil, que é o combate à intolerância e ao preconceito:

> *Constituem objetivos fundamentais da República Federativa do Brasil:*
>
> *[...]*
>
> *IV – promover o bem de todos, sem preconceitos de origem, raça, sexo, cor, idade e quaisquer outras formas de discriminação.* (Brasil, 1988)

O aspecto da laicidade do Estado passa pela promoção do bem de todos, sem nenhuma forma de preconceito ou de discriminação, considerando-se, especialmente, a liberdade religiosa e de culto, que é uma temática tão abrangente quanto a vastidão de nosso país.

Em suma, a religião, desde os primórdios da humanidade, sempre exerceu importante tarefa no desenvolvimento da sociedade e, por tal motivo, a CF consagrou, de maneira expressa, a liberdade religiosa como fundamental, conforme determina em seu art. 5º:

> *Art. 5º [...]*
>
> *VI – é inviolável a liberdade de consciência e de crença, sendo assegurado o livre exercício dos cultos religiosos e garantida, na forma da lei, a proteção aos locais de culto e a suas liturgias;*
>
> *VII – é assegurada, nos termos da lei, a prestação de assistência religiosa nas entidades civis e militares de internação coletiva;*

VIII – ninguém será privado de direitos por motivo de crença religiosa ou de convicção filosófica ou política, salvo se as invocar para eximir-se de obrigação legal a todos imposta e recusar-se a cumprir prestação alternativa, fixada em lei [...]. (Brasil, 1988)

Há, evidentemente, algumas limitações à liberdade religiosa, especialmente no tocante à necessidade do controle de legalidade e legitimidade constitucionais. A liberdade de culto, por exemplo, não deve contrariar a ordem pública, isto é, tal liberdade deve levar em conta o princípio da proporcionalidade (Teixeira, 2020).

7.2 Regime jurídico das organizações religiosas e das associações civis: aspectos cíveis, trabalhistas e previdenciários

O regime jurídico das organizações religiosas e das associações civis apresenta um ordenamento jurídico diferenciado em seus diversos aspectos: civil, trabalhista e previdenciário. A construção dessa legislação jurídica específica passa por constante atualização, e é preciso considerar que o que descrevemos aqui nesta obra pode ser modificado ao longo dos anos, pois o legislador brasileiro tem o compromisso de evoluir para melhor atender às necessidades e demandas que surgem com o passar do tempo.

A natureza jurídica das entidades religiosas e sociais está inserida em um escopo diferenciado: embora sejam tratadas de maneira distinta, essas organizações estão sujeitas a deveres e obrigações civis, assim como qualquer outra. No que tange aos aspectos contábeis, são imunes e isentas de diversas obrigações da legislação, com amparo na limitação constitucional do poder de tributar, ao passo que a isenção é sempre instituída mediante legislação específica, o que demanda conhecimento mais apurado de cada tipo de isenção fiscal. Todavia, ainda que sejam isentas ou imunes da tributação incidente sobre a receita operacional auferida, essas corporações não estão dispensadas da obrigatoriedade de realizar a escrituração contábil, que deve levar em conta o registro das receitas, das despesas e de toda a movimentação financeira.

No tocante ao aspecto trabalhista, é importante salientar alguns elementos referentes à remuneração dos dirigentes dessas entidades. Para fins de gozo dos benefícios fiscais, as organizações de cunho social e religioso devem cumprir o que está disposto no regulamento do Imposto de Renda (Lei n. 13.709, de 14 de agosto de 2018), que, em seu art. 181, dispõe:

> *§ 3º Para o gozo da imunidade de que trata o caput, as instituições a que se refere este artigo ficam obrigadas a atender aos seguintes requisitos (Lei nº 9.532, de 1997, art. 12, § 2º).*
>
> *I – não remunerar, por qualquer forma, seus dirigentes pelos serviços prestados;*
>
> *II – aplicar integralmente seus recursos na manutenção e no desenvolvimento dos seus objetivos sociais;*
>
> *III – manter escrituração completa de suas receitas e suas despesas em livros revestidos das formalidades capazes de assegurar sua exatidão;*
>
> *IV – conservar em boa ordem, pelo prazo de cinco anos, contado da data de sua emissão, os documentos que comprovem a origem de suas*

receitas e a efetivação de suas despesas, além da realização de outros atos ou operações que venham a modificar sua situação patrimonial;

V – apresentar, anualmente, declaração de rendimentos, em conformidade com o disposto pela Secretaria da Receita Federal do Brasil do Ministério da Fazenda;

VI – assegurar a destinação de seu patrimônio a outra instituição que atenda às condições para gozo da imunidade, na hipótese de incorporação, cisão ou de encerramento de suas atividades, ou a órgão público; e

VII – outros requisitos, estabelecidos em lei específica, relacionados com o funcionamento das entidades a que se refere este artigo. (Brasil, 2018b)

Vale destacar que a remuneração das autoridades eclesiásticas (pastores, padres, obreiros, reverendos, entre outros) só pode ocorrer por meio de prebenda, especialmente quando a autoridade religiosa não se dedica, de maneira integral e exclusiva, à organização e desde que sua atuação seja de natureza espiritual. Quando, por outro lado, o ministro religioso se dedica exclusivamente à entidade e lhe são exigidos a subordinação, o cumprimento de horários fixos, a habitualidade e a pessoalidade, o vínculo empregatício pode ser estabelecido, o que traz à organização toda e qualquer obrigatoriedade previdenciária e trabalhista.

Quanto ao aspecto previdenciário, o ministro de confissão religiosa é considerado contribuinte obrigatório da Previdência Social, conforme destaca a Lei n. 8.213, de 24 de julho de 1991 (Brasil, 1991b):

Art. 12. São segurados obrigatórios da Previdência Social as seguintes pessoas físicas:

[...]

V – como contribuinte individual:

[...]

c) o ministro de confissão religiosa e o membro de instituto de vida consagrada, de congregação ou de ordem religiosa.

É importante ressaltar que, quando se trata de prebenda, ou seja, o pagamento realizado pela disponibilidade às funções exclusivamente de cunho religioso, as organizações são isentas da contribuição previdenciária patronal:

Art. 22. A contribuição a cargo da empresa, destinada à Seguridade Social, além do disposto no art. 23, é de:

[...]

III – vinte por cento sobre o total das remunerações pagas ou creditadas a qualquer título, no decorrer do mês, aos segurados contribuintes individuais que lhe prestem serviços;

[...]

§ 13. Não se considera como remuneração direta ou indireta, para os efeitos desta Lei, os valores dispendidos pelas entidades religiosas e instituições de ensino vocacional com ministro de confissão religiosa, membros de instituto de vida consagrada, de congregação ou de ordem religiosa em face do seu mister religioso ou para sua subsistência desde que fornecidos em condições que independam da natureza e da quantidade do trabalho executado. (Brasil, 1991a)

Via de regra, o que elencamos aqui nesta seção é aplicável a diversos tipos de organizações, entre elas: associações civis em geral; igrejas; entidades religiosas; organizações não governamentais (ONGs); asilos; orfanatos; santas casas; torcidas organizadas;

organizações da sociedade civil de interesse público (Oscips); clubes recreativos; clubes de serviço; sindicatos; entidades filantrópicas; associações profissionais; fraternidades; academias científicas; academias literárias; maçonaria; associações de bairros; entidades assistenciais; creches; institutos; associações de socorro mútuo; federações; confederações; associações de produtores; associações de utilidade pública; comunidades; associações de defesa de vítimas de acidentes ou catástrofes; museus; associações de apoio a portadores de determinadas doenças; centros espíritas; movimentos religiosos; movimentos sociais; e movimentos coletivos.

7.3 Administração contábil

Embora a administração contábil de uma instituição social e religiosa seja de responsabilidade geral de seu contador, é importante que o gestor da organização tenha algum conhecimento de contabilidade básica, que lhe dará maior segurança na condução de suas funções. A escrituração contábil, por exemplo, é incumbência do contador. No entanto, o gestor da organização precisa saber fazer a correta interpretação dos dados contábeis, como débito, crédito e saldo. Além disso, ele é responsável por averiguar, de tempos em tempos, as ações realizadas pela contabilidade.

Uma boa forma de averiguação é o acompanhamento de certas técnicas contábeis básicas, como escrituração, demonstrações contábeis e análise das demonstrações financeiras ou contábeis. Outra excelente indicação para gestores é a realização de auditorias, que visam à revisão, à perícia, à intervenção ou ao exame de contas de toda uma escrita – periódica ou constante, eventual ou definitiva – para determinar se tal registro obedece aos princípios contábeis geralmente aceitos e se cumpre os preceitos legais traçados para cada caso específico (Neves; Viceconti, 1995).

Escrituração é a técnica utilizada para registro dos fatos contábeis administrativos ocorridos na entidade. A escrita de cada fato administrativo corresponde ao chamado *lançamento*. Os lançamentos devem ser efetuados nos livros contábeis, tais como o livro-diário e o livro-razão. A escrituração pode, então, ser definida como um conjunto de lançamentos (Neves; Viceconti, 1995). Já as demonstrações contábeis representam peças em forma técnica e evidenciam fatos patrimoniais ocorridos em determinada gestão administrativa (Neves; Viceconti, 1995). A análise das demonstrações financeiras ou contábeis, por sua vez, é o estudo da situação financeira e patrimonial de uma empresa ou entidade, por meio da decomposição de elementos e do levantamento de dados que são compostos de relações diversas entre esses elementos, com o objetivo de conhecer a realidade de uma situação ou de levantar os feitos de uma administração sob determinado ponto de vista (Neves; Viceconti, 1995).

Vale enfatizar que a administração contábil geralmente não é atribuída ao gestor da instituição. No entanto, ele precisa ter algumas noções básicas para o bom entendimento da contabilidade e para uma melhor *performance* nas tomadas de decisão estratégicas da organização.

7.4 Parcerias entre Estado e terceiro setor

Antes de entrarmos mais especificamente na temática do terceiro setor, cabe aqui um esclarecimento a respeito de todos os setores (Scheunemann; Rheinheimer, 2013, p. 30):

- **Primeiro setor**: esfera governamental, subsidiada por recursos públicos, que tem finalidades públicas.
- **Segundo setor**: esfera mercadológica, subsidiada por recursos privados, que tem finalidade privada e objetiva a lucratividade.
- **Terceiro setor**: esfera privada, subsidiada por recursos tanto privados quanto públicos, mas que tem finalidade pública.

O terceiro setor é um dos temas de grande interesse das organizações religiosas que dispõem de projetos sociais, principalmente porque abre as portas para parcerias com o Estado, representado quer pelo ente municipal, quer pelo estadual, quer pelo federal. Estes, por sua vez, também têm demonstrado grande interesse em desenvolver projetos de interesse público em conjunto com o terceiro setor.

Com a impossibilidade atual de o Estado prover a totalidade dos interesses sociais que antes lhe eram incumbidos, em razão da predominância do sistema neoliberal, houve uma diminuição de investimentos em setores sensíveis da sociedade. Consequentemente, para que tais interesses não deixassem de ser atendidos, a sociedade civil passou a assumir encargos que anteriormente não lhe eram afetos. Nota-se que, entre outros setores, cultura, saúde, educação, criação de empregos e investimentos na inovação tecnológica estão sendo relegados a segundo plano nos projetos estatais (Bocchi, 2013). Nesse sentido, a inviabilidade de o Estado prover os interesses sociais deu origem ao terceiro setor, processo que, ao longo dos últimos anos, tem se mostrado, ao mesmo tempo, polêmico, heterogêneo e repleto de diversas discussões entre seus críticos (Scheunemann; Rheinheimer, 2013).

De qualquer maneira, é inegável que o terceiro setor tem importante relevância social, especialmente por ser um grande dínamo de produção científica, tecnológica e social, capaz de favorecer a pesquisa e o desenvolvimento mediante uma ação conjunta e coesa com diversos setores sociais (Bocchi, 2013). Aliás, o terceiro setor movimenta hoje cerca de 8% da economia mundial, angariando cerca de U$$ 1,1 trilhão/ano. O setor emprega cerca de 19 milhões de pessoas e, além da empregabilidade, conta com um número considerável de voluntários. Nos Estados Unidos, metade da população presta algum tipo de trabalho voluntário. Na América Latina, o terceiro setor surgiu para melhorar as condições social e comunitária, bem como para agir na democratização e na mobilização popular. No Brasil, considerando-se as ações hoje desenvolvidas nessa esfera, podemos determinar como início da atuação desse setor o ano de 1534, quando Brás Cubas fundou, em Santos, a Casa de Misericórdia (Scheunemann; Rheinheimer, 2013).

Entre as modalidades institucionais aplicáveis ao terceiro setor, destacamos as seguintes (Bocchi, 2013):

- fundações;
- associações;
- sociedades civis;
- institutos.

Já entre as modalidades de atuação do terceiro setor, elencamos as que seguem (Bocchi, 2013):

- Oscips;

- organizações sociais;
- serviços sociais autônomos;
- agências reguladoras;
- agências executivas.

Vale salientar que o terceiro setor não pode, de maneira alguma, objetivar a lucratividade ou a distribuição de lucros, uma vez que os benefícios por ele gerados precisam alcançar a comunidade. Dessa maneira, os recursos jamais podem ser destinados aos associados, pois são considerados de utilidade pública do setor social e devem complementar a atuação estatal (Scheunemann; Rheinheimer, 2013).

7.5 Regularização e prestação de contas de um projeto

Não basta desenvolver um bom projeto; é preciso prestar contas de todas as suas ações e regularizá-las. Para bons projetos, sempre surgirão recursos, mas estes só continuarão sendo levantados se houver transparência na apresentação de sua aplicação.

Um fator importante na prestação de contas é a apresentação de um verdadeiro diagnóstico da realidade. Conhecê-la é fundamental para projetar e desenvolver uma ação social efetiva; é o ponto de partida dos planejamentos estratégicos e dos estudos de necessidade e de viabilidade dos projetos sociais. Além de caracterizar a realidade socioambiental da atuação social, o diagnóstico deve revelar como os diversos atores envolvidos se percebem nela. Trata-se, portanto, de um estudo que não deve ser construído com base em dados e leituras à parte dos atores ligados ao processo social, mas com o envolvimento dos sujeitos a serem atingidos pelo projeto.

Os dados da realidade podem ser enriquecidos com um efetivo processo de participação, evidenciando também a autopercepção e a identificação dos atores envolvidos (Giehl et al., 2015).

A regularização de um projeto passa por sua boa gestão, e esta demanda controle. Ainda que um gestor de projetos não consiga controlar todos os aspectos do projeto, ele deve se sentir responsável pelo todo. Pode-se debater sobre a diferença entre os termos *responsabilidade* e *obrigação*, no entanto, no que se refere ao sentido verdadeiro de *posse*, não há distinção: o gestor é a única pessoa que tem responsabilidade geral e, além disso, precisa se investir de plena confiabilidade, mesmo quando o projeto está uma bagunça. O verdadeiro sinal de alguém que vale a pena ter por perto é o daquele que levanta a mão e toma posse das coisas quando tudo está saindo errado. Agindo dessa maneira, o gestor terá a gratidão das pessoas, que o recompensarão e o procurarão para trabalhar com elas novamente (Newton, 2010).

A prestação de contas também é muito importante. O grande problema é que há situações em que pessoas realizam excelentes projetos sociais e religiosos, mas não sabem prestar contas. Por isso, elencamos aqui algumas ideias práticas que podem ajudar nessa atividade:

- relatar aos *stakeholders* as boas realizações do projeto;
- preparar um relatório – oral ou escrito, formal ou informal – de todos os aspectos que estão sob a responsabilidade do gestor do projeto;
- especificar o conteúdo da prestação de contas;
- comunicar o percentual de aumento ou de queda dos recursos levantados para o projeto;
- reservar períodos regulares para se reunir com todos os envolvidos no projeto.

A respeito da possibilidade de elaboração de um relatório de divulgação dos resultados, é recomendável que se faça uma previsão da melhor forma de divulgação, tendo em vista uma tendência atual de maior valorização das questões inerentes ao campo social (Gianezini, 2017). Porém, a avaliação deve ir além, apontando os seguintes itens:

- apresentar o programa desde sua formação;
- relatar sua implementação;
- explicar sua execução;
- demonstrar seus processos;
- mostrar seus resultados;
- mensurar seus impactos.

Infelizmente, a prestação de contas por vezes não é vista com bons olhos. Há ocasiões em que ela é encarada como algo negativo, pois muitas pessoas a associam à crítica, à censura, à desaprovação e ao julgamento. Contudo, ela precisa ser vista de maneira positiva (Orr, 2001).

O sucesso de um projeto depende fundamentalmente de sua avaliação, pois é essa atividade que permite determinar o grau de qualidade do empreendimento. A avaliação e o monitoramento podem ser considerados distintos, já que a avaliação pode servir como ponto de referência para a reformulação de um projeto já existente ou para a elaboração de novos (Giehl et al., 2015).

Por fim, na etapa final de divulgação dos resultados, é recomendável que se publiquem resultados públicos para cada nicho de pessoas envolvido no projeto. Assim, cada beneficiário poderá ser um destinatário que receberá o resultado de maneira mais pessoal e focada (Gianezini, 2017).

7.6 Práticas de *compliance* e anticorrupção

O *compliance* é um conjunto de disciplinas que visam ao cumprimento das normas legais e regulamentares nos âmbitos institucional e empresarial (Lima; Almeida; Maroso, 2020). Nos últimos anos, essa prática tem sido cada vez mais aplicada nas organizações que atuam com projetos sociais e religiosos.

Etimologicamente, a palavra *compliance* deriva do latim *complere*, que significa "fazer o que foi pedido e/ou solicitado" ou, ainda, "agir de acordo com as regras", "agir em concordância com as regras, normas, disposições e condições legais" (Block, 2020).

No que se refere a boas práticas no ambiente digital, as condutas devem ser capazes de fortalecer e valorizar a marca da empresa – se as boas práticas não forem observadas, ocorrerá o inverso. No ambiente físico, não é diferente. Atualmente, basta uma foto para que algo ocorrido no ambiente físico migre para o digital (Lima; Almeida; Maroso, 2020).

As boas práticas de *compliance* conferem maior confiabilidade à instituição e ampliação do grau de comprometimento e de investimento das pessoas envolvidas com a organização, que ganha notoriedade e angaria mais recursos financeiros. É justamente nesse sentido que os programas de conformidade corporativa têm agido, de modo a garantir que uma empresa observe leis e regulamentos relacionados à sua atuação. Entretanto, essa entidade não deve restringir-se a isso; afinal, um programa de *compliance* é muito mais abrangente, pois busca posicionar a empresa perante o mercado, por meio de uma imagem íntegra e ética (Lima, 2020). Além disso, essas iniciativas são capazes de ajudar as organizações a cuidar não apenas dos diversos aspectos legais, mas também dos colaboradores que nela atuam, uma vez que essas estratégias facilitam o cumprimento de normas, leis e regulamentações diversas, tanto no âmbito interno quanto no externo. Ademais, valorizam a implantação de códigos de conduta, bem como de políticas e regras específicas da organização (Lima; Almeida; Maroso, 2020).

Entre as vantagens trazidas pelos programas de *compliance*, podemos destacar (Freitas, 2020):

- auxiliam na análise mais acurada do comportamento dos funcionários;
- previnem atos ilícitos ou antiéticos;
- estimulam a rápida reação em situações críticas de maneira eficaz e eficiente;
- melhoram a qualidade, a eficiência e a consistência dos serviços;
- transmitem segurança aos funcionários, que podem relatar problemas e esperar investigações e ações corretivas;
- melhoram a comunicação interna;
- criam processos que permitem a imediata e profunda investigação de acusações;
- inspiram o compromisso da empresa com a conduta ética e a responsabilidade corporativa;
- minimizam perdas financeiras, relativas a indenizações, impostos e eventuais multas a serem aplicadas;
- permitem consolidar ou melhorar a reputação da empresa em relação à integridade e à qualidade, aumentando ainda mais sua competitividade no mercado.

Considerando-se todos esses aspectos gerais referentes às ações de *compliance*, é possível afirmar que tanto as organizações com fins religiosos e sociais quanto as demais empresas e organizações precisam viabilizar a segurança de suas informações, evitando o desrespeito a limites impostos (Lima; Almeida; Maroso, 2020).

Embora seja um conceito originário da economia que foi introduzido no direito empresarial, o *compliance* pode ajudar as organizações do terceiro setor a observar e cumprir normas, mesmo que estas não sejam necessariamente de natureza jurídica (Block, 2020).

7.7 Privacidade e retenção de dados: Lei Geral de Proteção de Dados Pessoais

O advento da internet viabilizou uma infinidade de possibilidades tecnológicas que trouxeram alto grau de inovação para a sociedade. Tal avanço foi de grande valia e proporcionou um expressivo desenvolvimento, mas também abriu a porta para excessos que ultrapassaram os limites da privacidade dos dados individuais (Lima; Almeida; Maroso, 2020). Tais problemas demandaram a criação da Lei Geral de Proteção de Dados Pessoais – LGPD (Brasil, 2018a), que regulamenta as atividades de tratamento de dados pessoais, determinando que todas as pessoas naturais que possam ser identificadas ou que sejam identificáveis tenham suas informações protegidas pela legislação.

A LGPD é a lei que regula o tratamento dos dados pessoais nos âmbitos físicos e digitais e resguarda direitos fundamentais das pessoas físicas, com vistas a impedir que as pessoas jurídicas tratem abusivamente dos dados, violando a privacidade e o livre desenvolvimento das pessoas naturais (Crespo, 2019).

Uma vez que a exigência de transparência no trato das informações pessoais passou a ser regida por essa lei específica, é notável que ela afeta diretamente a operacionalização das organizações sociais e de cunho religioso. Vale ressaltar que o diploma possibilita maior segurança não apenas para as pessoas físicas como também para as jurídicas (Lima; Almeida; Maroso, 2020).

> *A necessidade de se ter uma lei específica sobre proteção dos dados pessoais decorre devido à forma como está sustentado o modelo atual de negócios da Sociedade Digital, onde [sic] a informação passou a ser a principal moeda de troca utilizada pelos usuários para ter acesso a determinados bens, serviços ou conveniências.* (Peck; Crespo, 2018)

De certa maneira, o modelo de operação das organizações sociais e religiosas também é muito semelhante, já que muitas vezes o cidadão cede seus dados de maneira indiscriminada para essas organizações. Assim, se essas entidades não observarem as disposições da LGPD, poderão sofrer uma série de sanções jurídicas (Lima; Almeida; Maroso, 2020). Por isso, independentemente do tipo de organização, deve-se cuidar dos dados daqueles que a utilizam como se fossem as informações de um cliente:

> *quando o consumidor fornece seus dados para a realização de uma compra no comércio, ele não está, implícita ou automaticamente, autorizando o comerciante a divulgá-los no mercado; está apenas cumprindo as condições necessárias à concretização do respectivo negócio jurídico entabulado apenas entre as duas partes, confiando ao fornecedor a proteção de suas informações pessoais.* (Lima; Almeida; Maroso, 2020, p. 25)

Do mesmo modo, o fato de alguém publicar em uma rede social uma informação de caráter pessoal não implica o consentimento dos usuários que acessam o conteúdo em relação à utilização de seus dados para qualquer outra finalidade, ainda mais com fins lucrativos (Brasil, 2018b). Nesse cenário, toda organização precisa desenvolver uma mentalidade de proteção à privacidade de todos os indivíduos, haja vista que a proteção dos dados pessoais é um direito fundamental de todo indivíduo e que deve ser preservado (Lima; Almeida; Maroso, 2020).

> *A informação, em si, está ligada a uma série de fenômenos que cresceram em importância e complexidade e de modo marcante nas últimas décadas. O que hoje se destaca de seu significado histórico é uma maior desenvoltura na sua manipulação, desde a coleta e o tratamento até a comunicação da informação.* (Doneda, 2011, p. 92)

Nessa perspectiva, a aplicação dos aspectos da LGPD nas organizações deve levar em conta as variadas mudanças que ocorreram e continuam ocorrendo nesta era da informação, o que significa a descoberta de novas formas de coleta de dados e de armazenamento da informação.

Síntese

Neste último capítulo, apresentamos alguns conceitos de grande importância para a gestão de projetos sociais e religiosos. Abordamos os conceitos de *Estado constitucional* e *liberdade religiosa*, bem como algumas aplicações jurisprudenciais inerentes ao terceiro setor. Em seguida, discutimos sobre o regime jurídico das organizações religiosas e sem fins lucrativos e evidenciamos os aspectos cível, trabalhista e previdenciário desse âmbito, dando destaque às possibilidades existentes de parcerias entre o Estado e o terceiro setor, as quais são capazes de suprir demandas não atendidas pelo ente estatal. No fim do capítulo, dedicamos seções específicas à prestação de contas e à regularização de um projeto, abordamos práticas contemporâneas de *compliance* e mecanismos anticorrupção e tratamos da LGPD e da privacidade e retenção de dados.

Indicação cultural

MENDES ADVOCACIA. **O que é LGPD? (Para leigos e iniciantes)**. 16 jul. 2019. Disponível em: <https://www.youtube.com/watch?v=iGu_qaC4m_U>. Acesso em: 14 nov. 2022.

Indicamos esse vídeo, que traz elementos importantes sobre a LGPD.

NÚCLEO DE PRODUÇÃO DESENVOLVIMENTO ACADÊMICO. **Estado constitucional e liberdade religiosa**: parte 1. 10 nov. 2016. Disponível em: <https://www.youtube.com/watch?v=npJ4gdE-eFY&ab_channel=N%C3%BAcleodeProdu%C3%A7%C3%A3oDesenvolvimentoAcad%C3%AAmico>. Acesso em: 27 out. 2022.

Indicamos esse vídeo para que você analise questões ligadas ao Estado constitucional e à liberdade religiosa.

Atividades de autoavaliação

1. Marque a alternativa correta:
   a) O Brasil é laico, o que significa ser um país ateu.
   b) A Constituição Federal de 1988 coloca o poder Executivo como superior aos demais.
   c) O Estado constitucional permite que uma decisão seja tomada mesmo que contrariamente à legislação.
   d) O poder decisório da nação está limitado à lei.
   e) O Estado não tem poder de fiscalização.

2. Marque a alternativa correta:
   a) A liberdade religiosa pode ser exercida de maneira coletiva, mas não individual.
   b) A Constituição da República Federativa do Brasil de 1988 defende uma sociedade fraterna, pluralista e sem preconceitos.

c) O Estado democrático zela apenas pelos direitos coletivos, não se preocupando com os individuais.
d) Um Estado laico é um Estado que não acredita em Deus.
e) O Estado democrático permite todo tipo de informação, mesmo que seja falsa.

3. Analise as proposições a seguir e, depois, assinale a alternativa correta:
   I) Levando-se em conta a laicidade do Estado, é preciso que se respeitem todas as formas de religiosidade.
   II) Uma nação é uma nação que não acredita em Deus.
   III) O preâmbulo da Constituição vigente roga pela proteção de Deus.
   IV) Um Estado laico não é, necessariamente, um Estado ateu.

   a) Somente a proposições I e II estão corretas.
   b) Somente a proposições I, II e III estão corretas.
   c) Somente a proposições II e III estão corretas.
   d) Somente a proposições I e II e IV estão corretas.
   e) Todas as proposições estão corretas.

4. Analise as afirmações a seguir e, depois, assinale a alternativa correta:
   I) A natureza jurídica das entidades religiosas e sociais está inserida em um escopo diferenciado.
   II) As entidades jurídicas e religiosas são imunes a diversas obrigações legais.
   III) A imunidade das entidades jurídicas e religiosas está amparada na limitação constitucional do direito de tributar.
   IV) As entidades jurídicas e religiosas não têm a necessidade de pagar impostos trabalhistas.

a) Somente a proposições I e II estão corretas.
b) Somente a proposições I, II e III estão corretas.
c) Somente a proposições II e III estão corretas.
d) Somente a proposições III e IV estão corretas.
e) Todas as proposições estão corretas.

5. Marque a alternativa **incorreta**:
   a) O primeiro setor diz respeito à esfera governamental.
   b) O segundo setor diz respeito à esfera mercadológica.
   c) O terceiro setor diz respeito à esfera privada, mas tem finalidade pública.
   d) O terceiro setor não permite parcerias com a esfera governamental.
   e) O terceiro setor também está sujeito ao cumprimento da Lei Geral de Proteção de Dados Pessoais (LGPD).

Atividades de aprendizagem

Questões para reflexão

1. Procure neste capítulo três ideias práticas que podem auxiliar na prestação de contas. Em seguida, escolha a que você considera mais importante para sua área de atuação e justifique sua resposta, de acordo com sua compreensão.

2. Em sua opinião, quais são os maiores desafios para a efetividade das práticas na atualidade? Justifique sua resposta.

Atividade aplicada: prática

1. Entreviste três pessoas atuantes em organizações do terceiro setor e pergunte a opinião delas sobre a LGPD. Registre os pontos de vista apresentados.

considerações finais

A gestão de projetos sociais e religiosos demanda conhecimentos cada vez mais amplos e atualizados a respeito de seus fundamentos, sejam eles conceituais, sejam eles jurídicos, o que implica saber exatamente o que, de fato, é um projeto e de que maneira ele deve ser operacionalizado em nosso país.

Nem todos os gestores de projetos sociais e religiosos estão habituados aos termos comuns aos profissionais que já contam com uma formação na área administrativa. O que percebemos é que, na atualidade, existem muitos gestores bem-intencionados, mas que não dispõem do mínimo de conhecimentos necessários acerca da construção de um projeto, de seu público-alvo, dos tipos de projetos e de seu gerenciamento.

Os tempos atuais requerem um estudo cada vez mais aprofundado sobre a responsabilidade social e ética das instituições, o que está relacionado ao conhecimento da administração contábil do planejamento estratégico da gestão de pessoal e da captação de recursos.

Assim, nossa proposta nesta obra foi fornecer subsídios para a gestão de projetos sociais e religiosos. Por isso, oferecemos informações sobre a construção de projetos, as formas de gerenciamento e as metodologias de avaliação e de monitoramento de um empreendimento. Apresentamos definições básicas sobre o tema e defendemos a importância da gestão de projetos, bem do papel do gestor da área e do protagonismo do terceiro setor na atualidade, o qual exige que o gestor conheça e diferencie temáticas como missão, visão e valores.

Além disso, abordamos elementos legais e alguns conceitos jurídicos relacionados à gestão de projetos ligados ao terceiro setor, pois sabemos que a legislação inerente a essa esfera é bastante peculiar e cheia de nuances e particularidades. Todos os conceitos fundamentais em gestão de projetos sociais e religiosos aqui elencados têm seu grau de relevância, e não há, necessariamente, um ou outro que seja mais importante. Todo projeto deve levar em conta seu público-alvo e, para que esse objetivo seja alcançado, é necessário que o gestor de projetos reúna o maior número de informações possível, inclusive dados demográficos que possam auxiliar no planejamento.

Também elencamos os principais subsídios necessários a um projeto, como a determinação de seu objetivo, seu planejamento, a estimativa, a alocação dos recursos, o orçamento, a gestão dos riscos e a mobilização da equipe, demonstrando que a administração, a gestão e o gerenciamento de um projeto são interdependentes. Embora conceitualmente sejam diferentes, a utilização correta de cada um desses elementos pode favorecer o bom andamento e a boa execução de um projeto social e religioso.

Ademais, explicamos que a avaliação e o monitoramento de um projeto social e religioso são importantes e que é preciso conhecer as principais tipologias de projetos em voga na contemporaneidade. Ainda, demonstramos que é fundamental saber empregar corretamente os instrumentos utilizados para se avaliar um projeto.

Por fim, tratamos de questões ligadas ao Estado constitucional e à liberdade religiosa, bem como a algumas aplicações jurisprudenciais inerentes ao terceiro setor. Enfocamos igualmente o regime jurídico das organizações religiosas e sem fins lucrativos, o qual também leva em conta a prestação de contas e a regularização de um projeto.

Nossa intenção não era esgotar o assunto, até porque a temática está em constante atualização. Acreditamos, porém, que o conteúdo aqui apresentado pode ser útil para a diversidade de pessoas de bem que têm dedicado parte significativa de sua vida para desenvolver projetos que visem ao bem comum.

referências

ALBUQUERQUE, A. C. C. de. **Terceiro setor**: história e gestão de organizações. São Paulo: Summus Editorial, 2006.

ALBUQUERQUE, R. A. **Teorias da administração**. Maringá: UniCesumar, 2016.

ARAÚJO, P. R. **A Bíblia e a gestão de pessoas**: trabalhando mentes e corações. Curitiba: AD Santos, 2012.

ARAÚJO, P. R. **A Bíblia e as competências comportamentais**: a influência da espiritualidade cristã sobre o comportamento humano. Curitiba: AD Santos, 2017.

BARBOSA, C. **A tríade do tempo**: um modelo comprovado para organizar sua vida e aumentar sua produtividade e seu equilíbrio. Rio de Janeiro: Sextante, 2011.

BARNA, G. **O poder da visão**: como você pode captar a visão de Deus para sua vida pessoal e ministério cristão. São Paulo: Abba Press, 1995.

BARRETO, A. S. **Apoio à alocação de recursos humanos em projetos de software**: uma abordagem baseada em satisfação de restrições. 93 f. Dissertação (Mestrado em Engenharia) – Universidade Federal do Rio de Janeiro, Rio de Janeiro, 2005. Disponível em: <https://www.researchgate.net/publication/319986500_Apoio_a_Alocacao_de_Recursos_Humanos_em_Projetos_de_Software_Uma_Abordagem_Baseada_em_Satisfacao_de_Restricoes>. Acesso em: 23 out. 2022.

BÍBLIA. Português. **Bíblia de Jerusalém**. São Paulo: Paulus, 2002.

BITTENCOURT, E. **Qual é o tamanho dos seus sonhos?** Transformando seus sonhos em projetos de Deus. Santa Bárbara d'Oeste: Nouética Publicações, 2009.

BLOCK, M. **Compliance e governança corporativa**. Rio de Janeiro: Freitas Bastos, 2020.

BOCCHI, O. H. **O terceiro setor**: uma visão estratégica para projetos de interesse público. Curitiba: InterSaberes, 2013.

BRANCO, R. H.; LEITE, D. E. S.; JUNIOR, R. V. **Gestão colaborativa de projetos**. São Paulo: 2016.

BRASIL. Constituição (1988). **Diário Oficial da União**, Brasília, DF, 5 out. 1988. Disponível em: <http://www.planalto.gov.br/ccivil_03/constituicao/constituicao.htm>. Acesso em: 27 out. 2022.

BRASIL. Decreto n. 9.580, de 22 de novembro de 2018. **Diário Oficial da União**, Poder Executivo, Brasília, DF, 23 nov. 2018a. Disponível em: <http://www.planalto.gov.br/ccivil_03/_ato2015-2018/2018/decreto/D9580.htm>. Acesso em: 22 out. 2022.

BRASIL. Lei n. 8.212, de 24 de julho de 1991. **Diário Oficial da União**, Poder Executivo, Brasília, DF, 25 jul. 1991a. Disponível em: <http://www.planalto.gov.br/ccivil_03/leis/l8212cons.htm>. Acesso em: 22 out. 2022.

BRASIL. Lei n. 8.213, de 24 de julho de 1991. **Diário Oficial da União**, Poder Executivo, Brasília, DF, 25 jul. 1991b. Disponível em: <http://www.planalto.gov.br/ccivil_03/leis/l8213compilado.htm>. Acesso em: 22 out. 2022.

BRASIL. Lei n. 13.709, de 14 de agosto de 2018. **Diário Oficial da União**, Poder Executivo, Brasília, DF, 15 ago. 2018b. Disponível em: <http://www.planalto.gov.br/ccivil_03/_ato2015-2018/2018/lei/l13709.htm>. Acesso em: 22 out. 2022.

BUENO, S. **Minidicionário da língua portuguesa**. São Paulo: FTD, 2000.

CABRAL, E. H. S. Valores e espaço público: referenciais e instrumentos para a avaliação de projetos sociais. **Revista de Administração Pública**, São Paulo, v. 6, n. 45, p. 1915-1941, nov./dez. 2011. Disponível em: <https://doi.org/10.1590/S0034-76122011000600014>. Acesso em: 22 out. 2022.

CALDEIRA, J. **100 indicadores da gestão**: key performance indicators. Coimbra: Grupo Almedina, 2018.

CAMARGO, M. R. **Gerenciamento de projetos**: fundamentos e prática integrada. São Paulo: Atlas, 2018.

CAMPANHÃ, J. **Luz! Plano! Ação!** Como planejar à luz da realidade e agir para criar a visão de futuro. São Paulo: Hagnos, 2010.

CAMPANHÃ, J. **Planejamento estratégico**: como assegurar qualidade no crescimento de sua igreja. São Paulo: Vida, 2000.

CAMPANHÃ, J. **Planejamento estratégico**: como assegurar qualidade no crescimento de sua igreja. São Paulo: Hagnos, 2013.

CAMPOS, J. B. **Metodologias participativas e captação de recursos**. Campo Grande: Alvorada, 2016.

CAPPELLETTI, P. **Encontro das teologias latino-americanas**: teologia da libertação e teologia da missão integral. Londrina: Descoberta, 2019.

CARVALHO, M. M. **Fundamentos em gestão de projetos**: construindo competências para gerenciar projetos. São Paulo: Grupo GEN, 2018.

CERTO, S. C.; PETER, J. P. **Administração estratégica**: planejamento e implantação da estratégia. São Paulo: Makron Books, 1993.

CHARAN, R. **Liderança na era da turbulência econômica**: as novas regras de gestão em tempos de economia estagnada. Rio de Janeiro: Elsevier, 2009.

CHIAVENATO, I. **Gestão de pessoas e o novo papel dos recursos humanos nas organizações**. Rio de Janeiro: Elsevier, 2004.

COHEN, A. R. **MBA – curso prático administração**: lições dos especialistas das melhores escolas de negócios – práticas e estratégias para liderar organizações para o sucesso. Rio de Janeiro: Campus, 1999.

COLLINS, J. C. **Feitas para vencer**: por que algumas empresas alcançam a excelência... e outras não. São Paulo: HSM, 2013.

COLLINS, J. C.; PORRAS, J. I. **Feitas para durar**: práticas bem-sucedidas de empresas visionárias. Rio de Janeiro: Rocco, 1995.

COMBLIN, J. **A teologia da missão**. Petrópolis: Vozes, 1980.

CONSALTER, M. A. S. **Elaboração de projetos**: da introdução à conclusão. Curitiba: InterSaberes, 2012.

CORTELLA, M. S. **Por que fazemos o que fazemos? Aflições vitais sobre trabalho, carreira e realização**. São Paulo: Planeta, 2016.

CORTELLA, M. S. **Quem sabe faz a hora!** Iniciativas decisivas para gestão e liderança. São Paulo: Planeta, 2021.

COSTA, A. T. **Administração de entidades sem fins lucrativos**. São Paulo: Nobel, 1992.

CRESPO, M. Compliance digital. In: NOHARA; I. P.; PEREIRA, F. L. B. **Governança, compliance e cidadania**. São Paulo: Thomson Reuteurs Brasil, 2019. p. 5405-5424.

CRUZ, C. M.; ESTRAVIZ, M. **Captação de diferentes recursos para organizações sem fins lucrativos**. São Paulo: Global, 2003.

CUNHA, M. J. S.; WOOD, B. A. **O reino entre nós**: transformação de comunidades pelo evangelho integral. Viçosa: Ultimato, 2003.

DANTAS FILHO, E.; GOMES, M. J. N. Modelos para alocação de recursos de diferentes perfis em projetos de TI. **Revista de Gestão de Projetos**, Fortaleza, v. 6, n. 13, p. 63-78, jan./abr. 2015. Disponível em: <https://periodicos.uninove.br/gep/article/view/9612>. Acesso em: 23 out. 2022.

DONEDA, D. A proteção dos dados pessoais como um direito fundamental. **Espaço Jurídico**, Joaçaba, v. 12, n. 2, p. 91-108, jul./dez. 2011. Disponível em: <https://periodicos.unoesc.edu.br/espacojuridico/article/view/1315/658>. Acesso em: 23 out. 2022.

DOVE, K. E. **Conducting a Successful Capital Campaing**: a Comprehensive Fundraising Guide for Nonprofit Organizations. San Francisco: Jossey Bass, 1998.

DRUCKER, P. F. **O líder do futuro**. São Paulo: Futura, 1996.

DYER, W. G. **Equipes que fazem a diferença (team building)**: estratégias comprovadas para desenvolver equipes de alta performance. São Paulo: Saraiva, 2011.

EIZERIK, F.; DANILEVICZ, A. M. F.; PAULA, I. C. Sistema de indicadores para gestão de projetos multidisciplinares de ensino. **Revista Arquivos Analíticos de Políticas Educativas**, Porto Alegre, v. 28, n. 116, 2020. Disponível em: <https://lume.ufrgs.br/bitstream/handle/10183/220852/001123070.pdf?sequence=1&isAllowed=y>. Acesso em: 27 out. 2022.

ESTRADA, J. A. **Imagens de Deus**: a filosofia ante a linguagem religiosa. São Paulo: Paulinas, 2007.

FALCÃO, R. **Elaboração de projetos e sua captação de recursos**. São Paulo: Nova, 2015.

FREITAS, D. P. P. **Compliance e políticas anticorrupção**. Curitiba: Contentus, 2020.

GIANEZINI, M. **Introdução à avaliação e ao monitoramento de projetos sociais**. Curitiba: InterSaberes, 2017.

GIEHL, P. R. et al. **Elaboração de projetos sociais**. Curitiba: InterSaberes, 2015.

GIL, A. C. **Gestão de pessoas**: enfoque nos papéis profissionais. São Paulo: Atlas, 2006.

GIL, I. C. A utilidade do inútil. In: INCERTI, F.; CANDIDO, D. B. **Fragmentos de uma pandemia**. Curitiba: Pucpress, 2020. p. 17-19.

GODRI, D. **Conquistar e manter clientes**: práticas diárias que todos conhecem, mas só os bem-sucedidos utilizam. Blumenau: Eko, 1998.

HACK, N. S. **Gestão de projetos sociais**. Curitiba: Contentus, 2020.

HAWKINS, G. L.; PARKINSON, C. **Mantenha o foco**: as dez coisas que as pessoas desejam e necessitam obter de você e de sua igreja. São Paulo: Vida, 2010.

HESSE, K. **A força normativa da Constituição**: Die normative Kraft der Verfassung. Porto Alegre: Sergio Antonio Fabris Editor, 1991.

HOUSEL, D. J. **Equipes**: gerenciando para o sucesso. São Paulo: Cengage Learning Brasil, 2017. (Série Profissional).

HYBELS, B. **Axiomas**: máximas da liderança corajosa. São Paulo: Vida, 2009.

HYBELS, B. **A revolução do voluntariado**: liberando o poder de cada um de nós. São Paulo: Vida, 2013.

INCERTI, F.; CANDIDO, D. B. **Fragmentos de uma pandemia**. Curitiba: Pucpress, 2020.

KELLER, K. L.; MACHADO, M. **Gestão estratégica de marcas**. São Paulo: Pearson Education, 2006.

KERZNER, H. **Gestão de projetos**: as melhores práticas. Porto Alegre: Bookman, 2020.

KIVITZ, E. R. Apresentação. In: REGA, L. S. **Dando um jeito no jeitinho**: como ser ético sem deixar de ser brasileiro. São Paulo: Mundo Cristão, 2000. p. 7-9.

KUNG, H.; SCHMIDT, H. **Uma ética mundial e responsabilidades globais**. São Paulo: Loyola, 2001.

LAGO, D. **Brasil polifônico**: os evangélicos e as estruturas de poder. São Paulo: Mundo Cristão, 2018.

LARSON, E. W.; GRAY, C. F. **Gerenciamento de projetos**. Porto Alegre: Grupo A, 2016.

LIMA, A. P. M. C. O Código de Defesa do Consumidor e o Decreto E-Commerce: como estar em conformidade legal no ambiente digital. In: CRESPO, M. **Compliance no Direito Digital**. São Paulo: Thomson Reuteurs Brasil, 2020. p. 13-20.

LIMA, A. P. M. C.; ALMEIDA, D.; MAROSO, E. P. **LGPD – Lei Geral de Proteção de Dados**: sua empresa está pronta? São Paulo: Literare Books, 2020.

LIMA, G. P. **Gestão de projetos**: como estruturar logicamente as ações futuras. São Paulo: LTC, 2009. (Série Gestão Estratégica).

LUECKE, R. **Ferramentas para empreendedores**: ferramentas e técnicas para desenvolver e expandir seus negócios. Rio de Janeiro: Record, 2007.

MAGNO, A. **Tire seu projeto do papel com SCRUM**: atitudes e práticas para realizar seus projetos no trabalho e na vida pessoal. São Paulo: LeYa, 2019.

MASLOW, A. H. **Motivation and Personality**. São Paulo: Harper Collins, 1970.

MAXIMIANO, A. C. A. **Administração de projetos**: transformando ideias em resultados. São Paulo: Saraiva, 2008.

McCONKEY, D. D. **Gerência por objetivos**. Rio de Janeiro: Expressão e Cultura, 1978.

MENUHIN, Y. Projeto de uma ética mundial. In: KUNG, H.; SCHMIDT, H. **Uma ética mundial e responsabilidades globais**. São Paulo: Loyola, 2001. p. 16-25.

MURDICK, R. **Planejamento estratégico**. São Paulo: Barros, Fischer & Associados, 2011.

MUSSAK, E. **Metacompetência**: uma nova visão do trabalho e da realização pessoal. São Paulo: Gente, 2003.

NEVES, S.; VICECONTI, P. E. **Curso moderno de contabilidade**. São Paulo: Lisa, 1995.

NEWTON, R. **O gestor de projetos**. Belo Horizonte: Pearson, 2010.

NKOMO, S. M.; COX JR., T. Diversidade e identidade nas organizações. In: CLEGG, S. R. et al. (Org.). **Handbook de estudos organizacionais**. São Paulo: Atlas, 1999. p. 334-354. Disponível em: <https://edisciplinas.usp.br/pluginfile.php/5690258/mod_resource/content/1/DIVER%201.pdf>. Acesso em: 14 nov. 2022.

OLIVEIRA, L. Y. M. **Gestão de pessoas**. Porto Alegre: Grupo A, 2018.

ONU – Organização das Nações Unidas. **Declaração dos Direitos Humanos**. 10 dez. 1948. Disponível em: <https://www.unicef.org/brazil/declaracao-universal-dos-direitos-humanos>. Acesso em: 18 out. 2022.

ORR, R. A. **Liderança que realiza**: como dominar princípios de liderança e técnicas de gerenciamento para um ministério bem-sucedido. Contagem: Ame Menor, 2001.

PAES, C. M. **Igrejas que prevalecem**: 24 princípios para um crescimento saudável e equilibrado. São Paulo: Vida, 2003.

PECK, P.; CRESPO, M. Brasil a um passo de ter sua Lei de Proteção de Dados Pessoais. **It Forum**, 11 jul. 2018. Disponível em: <https://itforum.com.br/noticias/brasil-a-um-passo-de-ter-lei-de-protecao-de-dados-pessoais/>. Acesso em: 22 out. 2022.

PEREIRA, C. **Sustentabilidade e captação de recursos na educação superior no Brasil**. São Paulo: Saraiva, 2007.

PIRES, J. S. D. B.; ROSA, P. M.; SILVA, A. T. Um modelo de alocação de recursos orçamentários baseado em desempenho acadêmico para universidades públicas. **Advances in Scientific and Applied Accounting**, v. 3, n. 2, p. 239-270, 2010. Disponível em: <https://asaa.anpcont.org.br/index.php/asaa/article/view/13/19>. Acesso em: 23 out. 2022.

PLATÃO. **A República**. Tradução de Maria Helena da Rocha Pereira. 9. ed. Lisboa: Fundação Calouste Gulbenkian, 2001.

POWELL, J. L. **Pathways to Leadership**: How to Achieve and Sustain Success. San Francisco: Jossey-Bass, 1995.

PROUST, M. **Oeuvres completes de Marcel Proust**. Éditions de la Nouvelle Revue Française, 1936. v. 10.

RAMOS, I. C. A. et al. **Captação de recursos para projetos sociais**. Curitiba: InterSaberes, 2012.

REGA, L. S. **Dando um jeito no jeitinho**: como ser ético sem deixar de ser brasileiro. São Paulo: Mundo Cristão, 2000.

REZENDE, J. **Eclesiologia contemporânea**: construindo igrejas bíblicas. Curitiba: InterSaberes, 2016.

REZENDE, J. **O Reino e a igreja**: ministério urbano bíblico e equilibrado. Curitiba: InterSaberes, 2017.

REZENDE, J. **Filosofia simples e prática**. Curitiba: InterSaberes, 2020.

RIEGER, J. **Lembrar-se dos pobres**: o desafio da teologia no século XXI. São Paulo: Loyola, 2009.

ROCHA, A. G. F. **Planejamento e gestão estratégica**. São Paulo: Pearson Education, 2012.

SANDEL, M. J. **Justiça**: o que é fazer a coisa certa. Rio de Janeiro: Civilização Brasileira, 2014.

SANTOS, A. **Gestor de projetos**: habilidades e competências em favor da gestão de projetos. 2021. Disponível em: <https://pmkb.com.br/uploads/18959/habilidades-e-competencias-em-favor-da-gestao-de-projetos.pdf>. Acesso em: 19 out. 2022.

SANTOS, J. C. V; CUNHA, M. C. A. B. A importância do terceiro setor no processo de protagonismo social em comunidades vulneráveis. In: MOSTRA INTERNA DE TRABALHOS DE INICIAÇÃO CIENTÍFICA, 8., 2016, Maringá. **Anais...** Maringá: Ed. da UniCesumar, 2016. Disponível em: <https://www.unicesumar.edu.br/mostra-2016/wp-content/uploads/sites/154/2017/01/jackson_cleiton_vesus_santos.pdf>. Acesso em: 20 out. 2022.

SCATENA, M. I. C. **Ferramentas modernas para a gestão empresarial**: teoria, implementação e prática. Curitiba: InterSaberes, 2012.

SCHEUNEMANN, A. V.; RHEINHEIMER, I. **Administração do terceiro setor**. Curitiba: InterSaberes, 2013.

SCHLESINGER, P. F.; SCHLESINGER, L. A. Projetando organizações eficazes. In: COHEN, A. R. **MBA – curso prático administração**: lições dos especialistas das melhores escolas de negócios – práticas e estratégias para liderar organizações para o sucesso. Rio de Janeiro: Campus, 1999. p. 197-236.

TACHIZAWA, T. **Organizações não governamentais e terceiro setor**: criação de ONGs e estratégias de atuação. São Paulo: Grupo GEN, 2019.

TEIXEIRA, W. B. L. **Manual das associações civis e organizações religiosas**. Belo Horizonte: Del Rey, 2020.

TRAJANO, L. H. Agilidade com qualidade. In: MAGNO, A. **Tire seu projeto do papel com SCRUM**: atitudes e práticas para realizar seus projetos no trabalho e na vida pessoal. São Paulo: LeYa, 2019. p. 7-8.

TUMAN, G. J. Development and Implementation of Effective Project Management Information and Control Systems. In: CLELAND, D. I.; KING, W. R. **Project Management Handbook**. New York: Van Nostrand Reinhold, 1983. p. 34-84.

VAILL, P. B. Liderança e visão. In: COHEN, A. R. **MBA – curso prático administração:** lições dos especialistas das melhores escolas de negócios – práticas e estratégias para liderar organizações para o sucesso. Rio de Janeiro: Campus, 1999. p. 19-40.

VALERIANO, D. **Moderno gerenciamento de projetos.** Belo Horizonte: Pearson, 2005.

WARREN, R. **Uma igreja com propósitos.** São Paulo: Vida, 1997.

WEINSCHENK, S. M. **Apresentações brilhantes:** 100 coisas que você precisa saber para se comunicar bem. São Paulo: Sextante, 2014.

ZÁGARI, M. Apresentação. In: LAGO, D. **Brasil polifônico:** os evangélicos e as estruturas de poder. São Paulo: Mundo Cristão, 2018. p. 11-14.

bibliografia comentada

CAMPANHÃ, J. Planejamento estratégico: como assegurar qualidade no crescimento de sua igreja. São Paulo: Editora Hagnos, 2013.

A obra é voltada ao planejamento estratégico e de projetos para igrejas. Seu conteúdo é perfeitamente aplicável a praticamente todo tipo de organização que desenvolve projetos sociais e religiosos, visto que traz princípios práticos, dicas, cases e valores que podem ser utilizados do início ao final de um projeto.

CONSALTER, M. A. S. Elaboração de projetos: da introdução à conclusão. Curitiba: Editora Intersaberes, 2012.

A autora traz uma perspectiva prática a respeito da elaboração de um projeto, desde a introdução deste até sua conclusão. É uma obra voltada para gerentes, executivos e gestores de projetos que tenham em mente a possibilidade de investir em um projeto que traga êxito à organização e ao seu público-alvo.

COSTA, A. T. Administração de entidades sem fins lucrativos. São Paulo: Nobel, 1992.

Esse livro é um dos clássicos do terceiro setor. Apesar de antigo, pois remonta aos anos 1990, ainda é um das principais e mais elaboradas obras para quem deseja administrar entidades sem fins lucrativos. Nele é possível encontrar dicas, valores e princípios que historicamente continuam sendo muito importantes até os dias de hoje.

CRUZ, C. M.; ESTRAVIZ, M. Captação de diferentes recursos para organizações sem fins lucrativos. São Paulo: Global, 2003.

O livro trata da captação de recursos aplicada às organizações sem fins lucrativos. Traz provocações para o empresariado, que precisa se envolver mais ativamente em iniciativas do terceiro setor. Os autores trazem uma excelente contribuição para que a evolução produtiva do terceiro setor tenha melhores resultados e atenda à população com maior eficácia.

LIMA, A. P. M. C.; ALMEIDA, D.; MAROSO, E. P. LGPD: Lei Geral de Proteção de Dados. São Paulo: Literare Books, 2020.

É uma das mais completas sobre Lei Geral de Proteção de Dados. O livro aborda questões muito atuais sobre legislação, tecnologia e mitigação de riscos inerentes ao terceiro setor da sociedade.

MAGNO, A. Tire seu projeto do papel com SCRUM: atitudes e práticas para realizar seus projetos no trabalho e na vida pessoal. São Paulo: LeYa, 2019.

A obra é escrita por um dos pioneiros do Scrum no Brasil e é, portanto, uma espécie de guia sobre atitudes, métodos e práticas que podem ser utilizados por gestores de projetos, bem como por executivos e programadores que desejam se utilizar desse tipo de ferramenta de gestão de projetos.

Outras obras do autor no Catálogo InterSaberes

REZENDE, J. Eclesiologia contemporânea: construindo igrejas bíblicas. Curitiba: Intersaberes, 2016.

Neste livro, meu objetivo foi o de possibilitar a compreensão sobre a formação da Igreja atual e refletir sobre como essa instituição pode ser posta em prática de maneira bíblica e contemporânea. Vale lembrar que é fundamental refletirmos sobre as mudanças que ocorrem nos diferentes contextos eclesiais do Brasil. Nesse sentido, não podemos ignorar que, a fim de continuar alcançando a população, a condução e a gestão da Igreja precisam ser constantemente discutidas e atualizadas. Assim, convidei líderes eclesiásticos, estudantes e admiradores religiosos a conhecerem mais sobre os diversos aspectos que têm influenciado a cultura brasileira e gerado múltiplos tipos, formas e estilos assumidos pela Igreja em nosso país.

REZENDE, J. O Reino e a igreja: ministério urbano bíblico e equilibrado. Curitiba: Intersaberes, 2017.

Neste livro, expliquei que, ao longo da história da humanidade, a Igreja passou por diversas adaptações organizacionais, mas sempre manteve seu papel fundamental na construção do Reino de Deus, trazendo a mensagem da Bíblia para toda a sociedade. Para compreender a importância de manter a estrutura organizacional da Igreja em constante reforma, convidei o leitor a refletir sobre a atuação dessa instituição na contemporaneidade e a conhecer mais a fundo suas origens e também os contextos que marcaram sua fundação.

REZENDE, J. Filosofia simples e prática. Curitiba: Intersaberes, 2020.

Nesta obra, procurei demonstrar que a impressão favorecida pelo senso comum é a de que o universo da filosofia é extremamente complicado ou até mesmo inacessível. Contudo, isso não precisa ser verdade!

Apesar de a filosofia discutir temas complexos, pois tem como objetivo a reflexão sobre a vida e a essência humana, ela não trata apenas de elementos abstratos e teóricos. Muito pelo contrário, a filosofia nos possibilita aguçar nosso pensamento e nossa capacidade de análise, ajudando-nos a refletir, de forma crítica e apurada, sobre o mundo e a realidade concreta em que vivemos. Descubra nas páginas dessa obra como a filosofia pode ser estudada de uma maneira simples e prática!

respostas

Capítulo 1

Atividades de autoavaliação
1. b
2. c
3. b
4. b
5. d

Atividades de aprendizagem

Questões para reflexão
1. Resposta pessoal.
2. Resposta pessoal.

Atividade aplicada: prática
1. Resposta pessoal.

Capítulo 2

Atividades de autoavaliação

1. c
2. c
3. e
4. d
5. c

Atividades de aprendizagem

Questões para reflexão
1. Resposta pessoal.
2. Resposta pessoal.

Atividade aplicada: prática
1. Resposta pessoal.

Capítulo 3

Atividades de autoavaliação

1. c
2. c
3. a
4. c
5. b

Atividades de aprendizagem

Questões para reflexão
1. Resposta pessoal.
2. Resposta pessoal.

Atividade aplicada: prática
1. Resposta pessoal.

Capítulo 4

Atividades de autoavaliação

1. a
2. b
3. b
4. a
5. d

Atividades de aprendizagem

Questões para reflexão
1. Resposta pessoal.
2. Resposta pessoal.

Atividade aplicada: prática
1. Resposta pessoal.

Capítulo 5

Atividades de autoavaliação

1. d
2. c
3. b
4. a
5. d

Atividades de aprendizagem

Questões para reflexão
1. Resposta pessoal.
2. Resposta pessoal.

Atividade aplicada: prática
1. Resposta pessoal.

Capítulo 6

Atividades de autoavaliação

1. b
2. a
3. a
4. c
5. a

Atividades de aprendizagem

Questões para reflexão
1. Resposta pessoal.
2. Resposta pessoal.

Atividade aplicada: prática
1. Resposta pessoal.

Capítulo 7

Atividades de autoavaliação

1. d
2. b
3. d
4. b
5. d

Atividades de aprendizagem

Questões para reflexão
1. Resposta pessoal.
2. Resposta pessoal.

Atividade aplicada: prática
1. Resposta pessoal.

sobre o autor

Josimaber Siqueira Rezende é doutor em Teologia pela Pontifícia Universidade Católica do Rio de Janeiro (PUC/RIO), mestre em Teologia pela Faculdades Batista do Paraná (Fabapar) e pós-graduado em Liderança Pastoral (*Doctor Ministries*) pela Faculdade Teológica Sul Americana (FTSA). É bacharel em Administração de Empresas pelo Centro Universitário Campos de Andrade (Uniandrade) e em Teologia pela Fabapar e graduado em Liderança Avançada e em Docência Nacional pelo Haggai Institute. É professor na Pontifícia Universidade Católica do Paraná (PUC-PR), na Uninter, na Faculdade Teológica Betânia Equatorial (Fatebe) e na Faculdade de Teologia Evangélica (Fatev). É escritor, palestrante, consultor e docente universitário. Tem experiência nas disciplinas de Filosofia, Ética, Religião, Teologia e Sociedade, Cultura Religiosa, Sociologia, Epistemologia, Metodologia da Pesquisa, Aconselhamento, Ciências da Religião, Eclesiologia, Protestantismo, Liderança, Integridade, Planejamento Estratégico, Alta *Performance*, Motivação e Gestão de

Mudanças. É autor, entre outros, dos seguintes livros: *Eclesiologia contemporânea: construindo igrejas bíblicas* (InterSaberes); *O Reino e a Igreja: ministério urbano bíblico e equilibrado* (InterSaberes); e *Filosofia simples e prática* (InterSaberes). É pastor batista, filiado à Ordem dos Pastores Batistas do Brasil (OPBB), desde 2009. É casado com Talita e pai de dois meninos: Felipe e Heitor.

Os papéis utilizados neste livro, certificados por instituições ambientais competentes, são recicláveis, provenientes de fontes renováveis e, portanto, um meio responsável e natural de informação e conhecimento.

FSC
www.fsc.org
MISTO
Papel produzido a partir de fontes responsáveis
FSC® C103535

Impressão: Reproset
Março/2023